厦门大学百年校庆系列出版物

百年院系史系列

厦门大学
能源学院院史

主　编　孙梓光　林　鹿

厦门大学出版社
XIAMEN UNIVERSITY PRESS
国家一级出版社
全国百佳图书出版单位

图书在版编目(CIP)数据

厦门大学能源学院院史/孙梓光,林鹿主编.—厦门:厦门大学出版社,2021.3
(百年院系史系列)
ISBN 978-7-5615-8109-4

Ⅰ.①厦… Ⅱ.①孙… ②林… Ⅲ.①厦门大学能源学院—院史 Ⅳ.①G649.285.73

中国版本图书馆 CIP 数据核字(2021)第 045374 号

出 版 人 郑文礼
责任编辑 郑 丹
封面设计 李嘉彬
技术编辑 许克华

出版发行 厦门大学出版社
社　　址 厦门市软件园二期望海路 39 号
邮政编码 361008
总　　机 0592-2181111 0592-2181406(传真)
营销中心 0592-2184458 0592-2181365
网　　址 http://www.xmupress.com
邮　　箱 xmup@xmupress.com
印　　刷 厦门集大印刷厂

开本 720 mm×1 000 mm 1/16
印张 10.5
插页 2
字数 186 千字
版次 2021 年 3 月第 1 版
印次 2021 年 3 月第 1 次印刷
定价 35.00 元

厦门大学出版社
微信二维码

厦门大学出版社
微博二维码

本书编委会

- 主　　编：孙梓光　林　鹿
- 副 主 编：郑志锋　罗俊峰　唐拥华
- 执行主编：张正泓
- 编　　委：（按姓氏笔画排序）

马兆海　王淑君　方晨亮　冉　广　汤再鸣

孙悦琦　李君涛　杨娉婷　吴一纯　陆雪英

陈　源　赵英汝　施　珩　郭奇勋　黄诗雨

龚树丰　曾宪海　廖秀珍　缪惠芳

总　序

厦门大学　党委书记　张　彦
　　　　　校　　长　张　荣

2021年4月6日，厦门大学百年华诞。百载风雨，十秩辉煌，这是厦门大学发展的里程碑，继往开来的新起点。全校师生员工和海内外校友满怀深情地期盼这一荣耀时刻的到来。

为迎接百年校庆，学校在三年前就启动了“百年校庆系列出版工程”的筹备工作，专门成立“厦门大学百年校庆系列出版物编委会”，加强领导，统一部署。各院系、部门通力合作，众多专家学者和相关单位的工作人员全身心地参与到这项工作之中。同志们满怀高度的责任感和紧迫感，以“提升质量，确保进度，打造精品”为目标，争分夺秒，全力以赴，使这项出版工程得以快速顺利地进行。在这个重要的历史时刻，总结厦大百年奋斗历史，阐扬百年厦大“四种精神”，抒写厦大为伟大祖国所做出的突出贡献，激发厦大人的自豪感和使命感，无疑是献给百岁厦大最好的生日礼物。

“百年校庆系列出版工程”包括组织编撰百年校史、百年组织机构史、百年院系史、百年精神文化、百年学术论著选刊、校史资料与学生名录……有多个系列近150种图书将与广大读者见面。从图书规模、涉及领域、参编人员等角度看，此项出版工程极为浩大。这些出版物的问世，将为学校留下大量珍贵的历史资料，为学校深入开展校史教育提供丰富生动的素材，也将为弘扬厦门大学“自强不息，止于至善”校训精神注入时代的新鲜血液，帮助人们透过“中国最美大学校园”

的山海空间和历史回响，更加清晰地理解厦门大学在中国发展进程中发挥的独特作用、扮演的重要角色，领略“南方之强”的文化与精神魅力。

百年校庆系列出版物将多方呈现百年厦大的精彩历史画卷。这些凝聚全校师生员工心血的出版物，让我们感受到厦大人弦歌不辍的精神风貌。图文并茂的《厦门大学百年校史》，穿越历史长廊，带领我们聆听厦大不平凡百年岁月的历史足音。《为吾国放一异彩——厦门大学与伟大祖国》浓墨重彩地记述厦门大学与全国34个省级行政区以及福建省九市一区一县血浓于水的校地情缘，从中可以读出厦门大学在中华民族伟大复兴征程中留下的深深烙印。参与面最广的“厦门大学百年院系史系列”、《厦门大学百年组织机构史》，共有30多个学院和直属单位参与编写，通过对厦门大学各学院和组织机构发展脉络、演变轨迹的细致梳理，深入介绍厦门大学的党建工作、学科建设、人才培养、组织管理、社会服务等方面的发展历程，展示办学成就，彰显办学特色。《厦门大学校史资料选编（1992—2017）》和《南强之星——厦门大学学生名录（2010—2019）》，连同已经出版的同类史料，将较完整、翔实地展现学校发展轨迹，记录下每位厦大学子的荣耀。“厦门大学百年精神文化系列”涵盖人物传记和校园风采两大主题，其中《陈嘉庚传》在搜集大量史料的基础上，以时代精神和崭新视角，生动展现了校主陈嘉庚先生的丰功伟绩。此次推出《林文庆传》《萨本栋传》《汪德耀传》《王亚南传》四部厦门大学老校长传记，是对他们为厦大发展所做出的突出贡献的深切缅怀。厦大校友、红军会计制度创始人、中国共产党金融事业奠基人之一高捷成的传记《我的祖父高捷成》，则是首次全面地介绍这位为中国人民解放事业做出杰出贡献的烈士的事迹。新版《陈景润传》，把这位“最美奋斗者”、“感动中国人物”、令厦大人骄傲的杰出校友、世界著名数学家不平凡的人生再次展现在我们眼前。抒写校园风采的《厦门大学百年建筑》、《厦门大学餐饮百年》、《建南大舞台》、《芙蓉园里尽芳菲》、《我的厦大老师》（百年华诞纪念专辑）、《创新创业厦大人2》、

《志愿之光》、《让建南钟声传响大山深处》、《我的厦大范儿》以及潘维廉的《我在厦大三十年》等，都从不同的角度，引领我们去品读厦门大学的真正内涵，感受厦门大学浓郁的人文精神和科学精神。

此次出版的“厦门大学百年学术论著选刊”，由专家学者精选，重刊一批厦大已故著名学者在校工作期间完成的、具有重要价值的学术论著（包括讲义、未刊印的论著稿本等），目的在于反映和宣传厦门大学百年来的学术成就和贡献，挖掘百年来厦门大学丰厚的历史积淀和传统资源，展示厦门大学的学术底蕴，重建“厦大学派”，为学校“双一流”建设提供学术传统的支撑。学校将把这项工作列入长期规划，在百年校庆时出版第一辑共40种，今后还将陆续出版。

“自强！自强！学海何洋洋！”100年前，陈嘉庚先生于民族危难之际，抱着“教育为立国之本，兴学乃国民天职”的信念，创办了厦门大学这所中国历史上第一所由华侨独资建设的大学。100年来，厦大人秉承“研究高深学术，养成专门人才，阐扬世界文化”的办学宗旨，在实现中华民族伟大复兴的征程上书写自己的精彩篇章。我们相信，当百年校庆的欢庆浪潮归于平静时，这些出版物将会是一串串熠熠生辉的耀眼珍珠，成为记录厦门大学百年奋斗之旅的永恒坐标，成为流淌在人们心中的美好记忆，并将不断激励我们不忘初心继承传统，牢记使命乘风破浪，向着中国特色世界一流大学目标奋勇前行！

张彦 张荣

2020年12月

厦门大学百年院系发展概述

朱水涌

100年在历史长河中只是短暂的一瞬，但对于一所中国现代大学以及这所大学的学院科系来说，则意味着经历过极不平凡的历程。百年学府沧桑、十秩院系辉煌，为迎接厦门大学建校百年华诞，学校决定编撰出版“厦门大学百年院系史”系列，梳理淬炼院系的建设发展历程，以史为鉴，彰往考来，将院系的昨天、今天与明天联系在一起，发扬踔厉，这是一件极富建设意义与厦大特色的历史性工程。

一

20世纪初的中国，正如校主陈嘉庚所言：“吾国今处在列强肘腋之下，成败存亡千钧一发。”就在这千钧一发之际，为救国而创办大学成为一道时代的特别风景。马相伯因“慨自清廷外交凌智”而创办震旦学院（复旦前身）[①]，南开大学的创办者因国家的“贫弱”是因为“教育未能发展”而创立南开[②]，唐文治执掌交通大学砥砺第一等人才，目的就是“宏济艰难，救我中国”[③]。厦门大学校主陈嘉庚则在《筹办厦门大学演讲词》中直截了当地指出：“今日国势危如累卵，所赖以维持者，惟此方兴之教育与未死之民心耳。”出自民族救亡而诞生的中国现代大学，在她向欧美学习现代大学的办学时，一开始便融入了民族救

① 《复旦大学百年志》编纂委员会：《复旦大学百年志（1905—2005）》，复旦大学出版社2005年版，第9页。

② 《南开大学校史资料选》，南开大学出版社1989年版，第12页。

③ 唐文治：《上海交通大学第三十届毕业典礼训词》，载《茹经堂文集》三编卷一。

亡图存的历史内涵和办学志向，民族振兴的需求与国家最需要的人才，成了中国现代大学初创时学科与专业设置的重要出发点，呈现出中国现代大学鲜明的中国特色。这里，当年的创办者与一校之长的救国思想与办学理念产生了重要作用。

厦门大学创校时期选择的教学体制沿用了近代英国大学学制，但在科系组成与学科设置上却没有完全按英国大学的体制与模式，与民国时期的各大学一样，当时并没有很强的专业观念，而依照时代与国家的急需人才设立科系。厦大建校初期，科系成型时的学科最初形态是文科设 8 个系，理科设 6 个系，工科归理科，其中的教育、工、商、新闻，都是那个危机时代国家急需人才的学科。

1930 年 2 月，在通过国民政府大学院立案后两年，厦门大学遵照国民政府教育部令，将“科”改为学院，设 5 个学院 21 个学系。至此，经过近 10 年的建设，厦门大学具备了较为完备的院系体制，开始以院系这样一种与世界接轨的基本单元建构教学科研体制，开展“研究高深学术，培养专门人才，阐扬世界文化”，厦大的多学科性业已形成。

1929 年，世界经济危机爆发，陈嘉庚公司每况愈下，1934 年 1 月公司被迫收盘。这期间虽然有厦大教职员的半年捐薪活动，有陈嘉庚的“出卖大厦办厦大”惊世壮举，厦门大学的办学经费还是难以为继。在此情况下，厦大及时调整院系结构，以系科合并的方式突围经济上的窘迫，推进学科的艰辛运转。至私立时期的最后几年，全校 5 个学院压缩成文学、理学、法商 3 个学院，21 个系经合并与撤销浓缩为 9 个学系。尽管这种合并是无奈之举，从数字上看办学规模是缩小了，但这次的学科浓缩却无意中为学科的整合、为打破欧美当年系科划分过细的弊端打下了基础。

建校时期厦门大学的院系建设与学科发展，按国民政府大学院调查专家的看法，在全国高校中有“方之他处，有过无不及”[①]的优势。这一时期，林文庆主持制定的《厦门大学校旨》(以下简称《校旨》)明确指出：“本大学之主要目的，在博集东西各国之学术及其精神，以研究一切现象之底蕴与功用，同时并阐发中国固有学艺之美质，使之融会贯通，成为一种最新最完善之文化。”《校旨》从大学文化的建构出发，鲜明地提出厦门大学办学的理念与目标。与这个理念和目标相联系，厦大初期的院系与学科、专业的建设，有如下几个特点：

---

① 《厦门大学十周年纪念刊》(1931 年 4 月)，载《厦门大学校史》第 1 卷，厦门大学出版社 1987 年版，第 94 页。

其一是注重“功用”,“切于实用”,培养国家、民族稀缺人才。《校旨》提出教学“以切于实用,造就应用科学人才为前提”。建校初期,教育学占有举足轻重的位置,原因如《校旨》所言:“我国目下师资及教育专门人才甚为缺乏,故对于教育系特加注意,以期养成良好师资及教育界领袖,因以提高一般教育之程度。”[①]陈嘉庚的信念是“国家之富强,全在乎国民,国民之发展,全在乎教育”[②],他办厦门大学一个重要的担当就是要纠正当年教育的“偏估”与“颓风”,解决中国教育缺乏新知识新思想师资的问题,以免“国粹日稀,精神日减,必至无救药之惨痛”。厦大商学与工学的较早创设与运行,也都体现了这样一种办学理念。这个特点,奠定了厦门大学从国家需要建设专业发展学科的厚重底色。

其二是博集东西精神、阐发中国学艺之美质、“研究高深学术”的学科特色。厦大成立时,《厦门大学组织大纲》明确表明厦大的三大任务之一是研究高深学术。林文庆在《校旨》中具体指出要建设科学研究机关,厦大要“成为我国南部之科学中心点”[③];院系体制形成后,厦大各学院在其“学院学则”的第一条“宗旨”中都一致性地提出“以培养专门人才,研究高深学术为宗旨”[④],这表明厦大建校初期就具备浓厚的学科建设意识。而且,在西学东渐、中西文化激烈论争与冲突的情势下,厦大独到地提出“阐发中国固有学艺之美质”和“首重国文”的主张,这也就形成了厦门大学学科建设中注重本土资源与文化精神的中国特色。文科的国学研究与理科的生物学研究是这方面的范例。1926年创建的国学研究院被认为是“大有北大南移之势”,是当年全国国学研究的中心之一。其影响不仅在于大师云集、研究规划与实际成果,更重要的是厦大国学研究体现了五四时期“重估价值”的精神,它的学科新范畴,研究问题的新方法、新史料和新观点,代表了五四之后国学研究的新趋势。植物系与动物系同样引起全国乃至世界的关注,尤其是结合本土地理优势的海洋生物研究更是锋芒毕露。1923年厦大美籍教授莱德的论文《厦门大学附近之文昌鱼渔业》在国际顶尖科学期刊 *Science* 上发表,成为中国高校最早在 *Science* 上发表的研究成果之一,引起国际学术界瞩目。鉴于海洋生物学科的成果,中央研究院及太平洋科学学会,特别委托厦门大学建立海洋生物研究室。与此同时,

---

① 《厦门大学校史》第1卷,第26页。

② 陈嘉庚:《筹办厦门大学演讲词》,载《新国民日报》1920年11月30日。

③ 《林文庆校长报告》,载《厦门大学民国十年度报告书》,1922年。

④ 《厦门大学一览》(1935—1938年度),载《厦大校史资料》第1辑,厦门大学出版社1987年版,第66页。

厦大的动植物标本的数量与丰富多样在全国领先。

其三是开放性的院系学科构成与人才培养学制。在中国高等教育滥觞时期，中国的大学虽然学的是西方体制，但中国文化原本就缺乏精确细致的分类，对事物不那么条分缕析，而且大学刚刚兴起，很多学科、专业更是因国家需要而设置而存在，大学的一切都在尝试与践行当中，这也就带来了中国现代大学院系学科设置上的开放性。厦大私立时期四次较大的院系变动与学科设置，就可以清楚地看到这个现象。院系设置与专业、学科结构的不断变动，实际上对打破学科体制的僵化是有驱动力的，它为以后厦大百年发展中院系所面临的不断调整、不断改革奠定基础。

在人才培养上，厦门大学"虽为厦门大学，实为世界之大学"[①]，一开始就招收大量的东南亚华侨子女和朝鲜国学生，颇具开放性。这所地处东南沿海一隅的大学却坚持要"使本校之学生虽足不出国外，而其所受之教育，能与世界各大学相颉颃"[②]，除不惜重金聘任国内外特别是世界名牌大学经历的名师学者外，在教学体制上，厦门大学沿用英国近代大学学制，本科修业 4 年，以修满 150 学分(绩点)并通过毕业论文及有关实验为毕业，各院各系实行课程交叉的修课计划，注重了知识结构的多元化。打破课程的专业界限，这样一种强调博集东西学术，打通院系界限学科界限的修学制度，实际上更吻合现代大学的人才培养规律。

厦门大学建校初期 16 年间，其"切于实用"的人才培养方针，"研究高深学术"的学科特色，院系学科结构与教学体制的开放性，不仅是时代的产物，也是百年厦门大学的宝贵珍藏，在百年厦大的院系建设发展中体现了一所名校的潜在发展实力，不仅为厦大创建"世界之大学"目标打下了坚实的基础，而且在学科的发展上为一流学科的发展奠定了先天优势。

二

1937 年 7 月 1 日，私立厦门大学正式改为国立厦门大学。7 月 6 日，国民政府行政院任命清华大学萨本栋教授出任厦门大学校长。7 月 7 日，抗战全面爆发。12 月，日寇兵临厦门，厦门大学内迁山城长汀，坚持在烽火硝烟中办

---

① 《林文庆先生在中华俱乐部之演说词》，载《南洋商报》1925 年 2 月 2 日。

② 《林文庆校长报告》，载《厦门大学民国十年度报告书》，1922 年。

学，“单独担负铁路线（粤汉铁路）以东国立最高学府的全付责任”①，成为加尔各答以东最逼近战场的学府，肩起中国高等教育的东南半壁江山。由此开始到 1949 年新中国成立，这是厦门大学的国立时期。

抗战时期，在极其艰难困苦的条件下，萨本栋校长抱着“在艰危中”“不负嘉庚先生毁家兴学及政府将厦大收归国立之至意”的意志②，以自己的未雨绸缪和身体力行，推进拓展厦门大学的院系与学科建设，赢得了战争中“国魂所托的事业”③的重大发展。

作为坚守在战区的最高国立学府，在战争中自觉担负起为战后的祖国建设培养与储备人才的使命，这成了厦大院系与学科建设的出发点与目的地。萨本栋说：“吾人应知此次战争，关系数千年固有文化之持续，将来永固国基之奠定者至巨。”④置身残酷的战争中，厦大想的是战后建设所需的大量“永固国基”的人才。据当年的新闻媒体报道，厦大筹备设立水产研究室，是为了“战后东南沿海水产研究之总枢”⑤；增设外国文学系与法律系司法组，“以应目前全面反攻及将来建国之需要”⑥。

这种穿透硝烟的未雨绸缪，更体现在厦门大学工科院系的创设与发展上。厦大工科开始于 1922 年，在 1930 年科改系后，工科已悄然消失。萨本栋来自清华大学，自己又是著名的电机专家，他对工科建设既熟悉又有主见，从战后建国的急需出发，工科人才显然要比其他学科人才需求更迫切、需求量更大，萨本栋决定补齐厦大学科上的工科短板。

1938 年 7 月，厦大创设土木工程系，到 1941 年秋季，萨本栋校长就很自豪地说：“现在土木系设备，固尚未达到我们理想的境地，但教师则已充实到可以与国内任何大学相颉颃。”⑦这个科系，为战后中国大规模的基础设施建设培养了大批人才。1940 年秋季，在土木工程大力扩展的同时，萨本栋又创设机电工程系。机电工程系创立后，理学院扩充为理工学院。1944 年 4 月，创建航空工程系，厦大成为全国最早开办航空专业本科教育的少数高校之一，培

---

① 《萨本栋开学词》，载《厦大通讯》第 3 卷第 10 期，1941 年 10 月 25 日。

② 萨本栋：《勖勉同学词》，载《唯力》旬刊第 3 期，1938 年 4 月 3 日。

③ 萨本栋：《勖勉同学词》，载《唯力》旬刊第 3 期，1938 年 4 月 3 日。

④ 萨本栋：《“七七”二周年纪念与节约运动》，载《唯力》第 2 卷第 7/8 期合刊，1938 年 7 月 7 日。

⑤ 《母校设立水产研究室》，载《厦大通讯》第 6 卷第 1 期，1944 年 3 月 31 日，

⑥ 《厦大增设外语、司法等系组》，载南平《东南日报》1945 年 8 月 4 日。

⑦ 《萨本栋开学词》，载《厦大通讯》第 3 卷第 10 期，1941 年 10 月 5 日。

养出像中国工程院院士张启先这样一批优秀的中国早期航天航空专家。

1945年12月厦大复员厦门,汪德耀已接掌厦大。这期间院系与科建设的最大事件是1946年夏季海洋学系与中国海洋研究所的创办。海洋学科创立于天时地利人和之中:抗战胜利后海洋与海权重要性凸显,复员厦门后的东南沿海地理环境优势,校主陈嘉庚"力挽海权,培育专才"的誓言与著名海洋学家唐世凤博士的加盟,共同促成了中国第一个海洋学系诞生,同时,厦大与中英文教育基金会合办的中国第一个海洋研究所也在厦大成立,厦大的海洋观测站也获准设立。由此,厦门大学在全国率先开始了"谋中国海洋科学事业之发展""研究与教育并重"的造就培养海洋人才的行动。

国立时期文科的发展以复办法学为主要标志。厦大的法学,最早创立于1926年6月,1937年改归国立后,法律系奉命撤销,法学学科停办。到1940年,由于国民政府教育部不同意建立福建大学,并将已经开学的福建大学法学院并入厦门大学,这样,战火中的厦大法学学科就在接收福建大学法学院的契机中复办起来。

在人才培养理念与培养模式上,萨本栋取的是美国芝加哥大学的通识教育思想和从清华带过来的通识教育理念,遵循梅贻琦的"通识为本,专识为末"[①]教育思想制定校制、设置课程,实行强化通识基础与打通学科界限的修学制度,实施教授全力上课制度。他要求即使在战争中,也要坚持"未到'最后一课'的时候,应加紧研究学术与培养技能"[②],他提出,"现在不是个推诿责任的时代","需一身肩负二人之重任,一日急二日之操作"[③],以不辜负陈嘉庚先生的期待,不辜负国家事业所托。比如新成立的机电工程系系主任李家炘教授,据统计最高一学期每周上课达81课时,每周最高达1725人时。这时期的厦大学生则"把战区当课堂,把笔杆当枪杆",越是艰难越是坚韧学习。在1940年与1941年国民政府教育部举行的两次专科以上学生学业竞赛中,获奖总数与获奖系数的比例评定,均名列全国第一。

从抗战全面爆发到复员厦门,在极其艰危的战争环境与艰苦的复员中,厦门大学的院系建设不仅没有停顿,而且还得以有力扩充,院系规模与学科发展都有历史性的突破,多科性大学已然向综合性大学迈进,也因此开始确立厦门

---

① 梅贻琦:《大学一解》,载《清华学报》第13卷第1期,1941年4月。

② 萨本栋:《勖勉同学词》,载《唯力》旬刊第3期,1938年4月3日。

③ 萨本栋:《"七七"二周年纪念与节约运动》,载《唯力》第2卷第7/8期合刊,1939年7月7日。

大学位居全国高等教育前列的位置。更重要的是这一时期积淀下来的办学精神，那种由战争烽火淬炼出来的自强、坚韧与艰危中担当重负的使命感，为厦门大学的发展积累了一份极宝贵的精神财富。

三

1949 年 10 月 1 日，中华人民共和国成立，人民当家做主的时代开始。10 月 17 日，厦门解放，厦门大学迎来了办学史上的新纪元。1949 年 10 月 21 日，中共厦门市委在厦大建立中共厦门大学支部。不久，在原有基础上设立中共厦门大学党组。1950 年 5 月，中华人民共和国政务院任命著名经济学家、曾任厦门大学法学院院长的王亚南为厦门大学校长。

1952 年 6 月，中共福建省委派 15 名党的干部到厦大，7 月，中共福建省委决定程璐任中共厦大临时党委书记，党在学校的领导得以体现与加强；1953 年 1 月，厦门大学成立校务委员会，标志着学校由"校长负责制"开始向"党委领导下的校长负责制"过渡。这一年，符合条件的科系先后成立党支部。1955 年 1 月召开中共厦门大学第一次代表大会，成立中共厦门大学党委会，之后，各系先后建立系党总支，直到 1999 年校院二级管理体制改革时，党总支、党支部为厦门大学各科系的最直接领导，保证科系建设与学科发展的正确方向和健康发展。

新中国成立后，在东西方意识形态冷战的背景下，中国大学放弃对西方欧美的学习，而强调向"苏联老大哥"学习。1952 年，中央提出高等教育"发展专门学院和专科学校，整顿和加强综合大学"的方针，并学习苏联高校模式，进行大规模的院系调整。从 1952 年到 1955 年底，厦门大学在调整中从多学科大学向文理科综合大学转变，被确定为华东四所综合性大学之一。

1952 年 8 月，一年前刚刚由省立并入厦大并改名的厦大农学院奉命与福州大学农学院合并为福建农学院；9 月，厦大海洋系一分为三，厦大航海专修科与集美水产商船专科合并成立福建航海专科学校，之后再分别归入大连海运学院与上海海运学院；海洋系理化组并入山东大学，与山东大学海洋学科建立海洋系，发展为山东海洋学院，即后来的青岛海洋大学；为保存厦大发展海洋学科的力量，厦大成立海洋生物研究室，将海洋生物组的骨干教师与标本留在厦大，聘郑重教授为研究室主任。1953 年 7 月，厦大又奉命将工学院的土木、电机、机械 3 个系及土木专修科调整到浙江大学、南京工学院和华东水利学院，将企业管理并入上海财经学院，法学院归入华东政法学院。1954 年 7

月，厦大教育系调整到福建师范学院；8月俄语专修科部分师生并入南京大学。

在此调整中，厦门大学文理科也有所壮大。1951年私立福建学院的政治、法律、经济归并到厦大。1952年福州大学财经学院的会计、贸易、财金、统计、企业管理5个系并入厦大财经学院，并增加贸易专修科。1953年，福州大学文理两院的中文、外文、历史、数学、物理化学、生物学6个系也奉命并入厦门大学。1955年，厦大奉命停办统计、会计、财金、贸易4个系，改在经济系之下设政治经济学、统计学、会计学、货币与信贷、贸易5个专业。

从历史现场上看，大规模院系调整是新中国改造旧教育制度、建立新教育体制的战略措施，这是中华人民共和国教育史上一个重要事件。这场调整既为厦大文理科综合大学模式打下基础，也一定程度上削弱了厦大综合性大学的实力，厦大一些经营多年而形成厦大特色的院系、学科被调整出去，充实其他高校乃至成为新学校成立的基础。厦大在为国家做出贡献的同时，也造成基础学科与应用学科的相互分离，综合性大学学科交叉渗透的优势也受到一定的损失。

院系调整后，苏联高等教育的专业制度也随之取代了中国大学的院系体制。新中国成立之前的大学一般只设学科不设专业，学科业务范围要比专业宽阔，但专业有利于针对性培养专门人才，培养目标十分专一。为贯彻专业人才培养目的，厦门大学院级建制最后被正式撤销，实行以系为教学单位，系内设若干专业，形成按专业培养人才的办学模式。到1958年，全校设8个系16个专业，并设16个专门化科目。

这一时期，教育部确定厦门大学发展方向为“面向东南亚华侨，面向海洋”，要求各专业各教研组加强与南洋、台湾、海洋及本地特点有关的各种问题研究。王亚南校长对厦大的综合性大学也提出新的目标定位，他说：“今天我们所在的学校是个综合性大学，不是工业大学、农业大学，而是综合性大学，不同地方是培养目标不同。工农科培养工农业所需技术人才，师范培养教师，综合性大学主要是培养研究人员，科学研究人员。”他对学生说：“你们将来就是要培养成为科学家。”[①]这样的办学方向与文理综合性大学的形成，明确指明科学研究是厦大办学的重要任务，学科建设水平成为办学水平的重要表现。

由此，在那个以专业为主的发展时期，厦门大学依然将研究机构建设与学科建设发展当成院系建设的重要内容。

---

① 王亚南：《怎样做一个大学生》，录自厦门大学校办档案56-11。

王亚南校长抵达厦大后，首先恢复和建立研究机构，成立了经济研究所、化学研究所和南洋研究馆（1963 年升格为教育部部属研究所）、人类博物馆，文科理科各学院普遍成立研究室。这时福建研究院社会科学研究所也奉命归并厦大，充实了厦大文科主要是经济学科的研究实力。

这一时期，经济学科开始成为全国的翘楚学科。从 1946 年王亚南的《中国经济原论》研究被誉为“中国式的《资本论》”开始，厦门大学“以中国人的资格研究政治经济学”的独特学派开始形成。1950 年王亚南执掌厦大后，建立厦大财经学院，创办全国第一个经济研究所，这是当年全国高校最新经济学教学科研建制。院系调整中财经学院被撤销。1958 年 9 月，中国经济问题研究所成立，并创办中国第一家全国性经济学刊物《中国经济问题》。这个时期，经济学各学科研究全面展开，在《资本论》研究、社会主义所有制研究、会计、统计、财政学方面的研究，成绩斐然，为全国瞩目，奠定了经济学迈向一流学科的坚实基础。

化学为厦大理科中最早的学科之一，展示着一流学科的形象。1939 年，傅鹰博士受聘厦门大学并任教务长兼理学院院长，他给厦门大学带来了化学正在从经典的统计热力学深化为理论化学、结构化学的最新发展信息与理论，从而让厦大化学学科及时捕捉到量子化学、量子力学的发展，跟上世界潮流。自此，化学学科的发展呈现云帆济海之势。新中国成立后，催化的研究与应用、海洋化学分析成果显著，电化学研究、物质结构研究、有机物电极、电分析和有机物点解制备也都在学术界崭露头角。1972 年，蔡启瑞教授与唐敖庆、卢嘉锡两教授联袂承担国家重大基础理论研究课题化学模拟生物固氮研究，与国际同步攻关世界理论难题，成果受到国际同行的赞赏。这个时期的厦大化学，已具备国内一流、国际具有重要影响的学科声望。

除此，海洋生物研究，生物系在金定鸭研究及北京鸭与金定鸭的杂交研究，半导体物理、半导体化学、植物生物学以及数学等方面的基础理论研究，都有全国性影响。理科各系与福建省其他单位联办建立的 8 个新的研究所，有效地促进了厦门大学科学研究与地方建设的紧密结合，拓宽了厦门大学科学研究的思路与途径，这也说明了成为文理综合性大学的厦门大学在学科建设上的明显进展。

从 1949 年新中国成立到 1966 年“文化大革命”爆发，厦门大学与全国高校一样，经历过“整风运动”、“教育大革命”和“大跃进”高潮，作为面对两岸对峙炮火中海防前线大学，社会主义的办学方向和党在学校中的领导地位更加明确与坚定，在人才培养与科学研究上探索前进，书写出新中国高等教育的新篇章。1963年9月12日，教育部以〔63〕教厅秘字第178号文件，将厦门大学定位全国重点大学，“这是国家对厦门大学几十年来办学成就的充分肯定，从教育体制上明确地确立了厦门大学在全国教育事业中的重要地位”①。

1966年到1976年“文化大革命”运动期间，厦门大学与全国高校一样，遭受空前的洗劫。这是中国高等教育发展史上一次挫折和重大教训，经历过这样的风雨，拨乱反正之后，厦门大学的院系与学科建设自有空前的发展。

四

1976年10月6日，党中央一举粉碎“四人帮”；1977年9月，全国恢复高考制度，1978年2月，教育部恢复厦门大学为全国重点大学。1981年10月，厦门被国务院确立为中国四个经济特区之一，身处中国经济特区的国家重点大学，厦门大学被历史推向了改革开放的前沿，学校逐渐顺利走向“党委领导下的校长负责制”的领导体制中，院系建设发展进入一个崭新的历史新时期。2000年之后，按照校院二级管理体制改革，各学院建立学院党委，建立并逐步完善学院党政联席会议制度，厦门大学院系建设得到空前发展。

至2020年，改革开放中的厦门大学全校已建有30个学院16个研究院，展现出门类齐全、学科强劲、专业特色明显、布局合理的整体风貌。依据院系建设与发展的历史，以1995年启动“211工程”为界，整个42年的改革开放可分为两个时期：1978年至1995年为恢复与快速发展时期；1995年之后伴随着国家“211工程”、“985工程”、创建“双一流”建设，厦门大学院系建设进入跨越式发展时期。

1978年春天，当恢复高考制度后的第一届大学生走进厦大时，厦大共设有10个系29个专业，这些系与专业还只是集中于自然科学与人文社会科学的基础理论学科，基础雄厚，但面对世界新技术革命浪潮的兴起和新时期党与国家工作中心转移到社会主义现代化建设和改革开放上，尤其是经济特区和沿海开放城市、经济开发区的设立，原本的科系已经不能很好地适应新形势的需要，于是，学校大胆突破文理结构框架，调整学科与专业设置，大力充实、改造、复办老专业，增设一批新学科，优先创办一批涉外专业、应用科学和应用技术专业，开展边缘新兴学科研究，迈步向文理渗透、多学科组成的综合性大学

① 厦门大学档案馆、厦门大学校史研究室编：《厦门大学校史》第2卷（1949—1991），厦门大学出版社2006年版，第142页。

方向发展。

其一，以“起点要高，起点要新”的要求，创办一批新专业，集中在涉外、经济管理、新兴交叉学科与新技术专业。到1995年，全校已发展到26个系61个专业，突破长期以来保持的文理财经综合性大学格局，形成了包括智能科学、技术科学、人文科学、社会科学、管理科学、教育科学在内的多学科、结构比较合理、内容比较先进的学科体系。

其二，开始恢复学院建制。专业增多后，科、系不断发展，从管理与学科建设出发，开始逐步恢复学院建制。在20世纪80年代初期，先后成立经济学院、政法学院、全国综合性大学的第一个艺术教育学院、技术科学学院，其中技术科学学院的成立既带有复办工科的动机，更是以为国家培养急需的大量科技人才为目标，着重造就工科与理科相结合、交叉的学科的开创性人才。学院作为学校派出机构，具有一定自主权。

其三，以长远的战略眼光，充实、更新老专业。如20世纪70年代复办海洋系。在1952年的院系调整中，厦大将海洋系一分为三，用建立海洋生物研究室的名义战略性留住了海洋生物学科的骨干师资与教学标本，这使得厦大在1962年前后依然成为我国海洋科学的重要基地之一。海洋系虽然不再存在，厦大理科其他系却增设了海洋物理、海洋化学和海洋生物等新的专业、专门化，各系与华东海洋研究所密切配合，共同进行了26项海洋科学研究，成果引起国外学术界注意，《美国科学界对中国科学的看法》一书也提到厦大海洋科学研究的情况。复办后的海洋系，采取少招本科生、多招研究生、重拳科研、提高质量的策略，开展学科建设，并增设海洋水文气象和海洋地质地貌两个专业，为海洋系成为全国一流学科打下了坚实良好的基础。

1995年，厦门大学进入国家“211工程”行列；2001年，被列入国家“985工程”重点建设高校；2017年，入选国家A类“双一流”建设高校。在中国教育从教育大国走向教育强国的历史进程中，厦门大学的院系发展与学科建设，实现了跨越式发展。

1999年3月，全校深化校内管理体制改革，开始实行校院二级管理，学院建制全面铺开，各学院按照学院办大学的发展趋势，遵循“优化结构、强化内涵、扶优促新、鼓励交叉”的原则推动学科与专业建设，从1995年到2020年，全校共设置30个学院16个研究院，新增52个专业，撤销4个专业，调整18个本科专业，最终设置本科专业99个，涵盖文学、哲学、历史学、法学、经济学、管理学、理学、工学、建筑学、医学、艺术学等11个学科门类，以学科为支撑，打造一批定位明确、管理规范、改革成效突出，师资力量雄厚、培养质量一流的院系与专业群;全校有17个国家级特色专业,2个国家级人才培养模式试验区,2个国家级专业综合改革试点,3个专业入选教育部基础学科拔尖学生培养计划,24个专业13个项目入选教育部卓越人才培养计划。

这个时期,也是厦大研究生教育的大发展时期。1986年9月,国务院批准厦大试办研究生院;1996年3月,厦大正式获准设立研究生院;2018年,厦大成为全国首批20所学位授权自主审核单位之一。至2020年,全校共设有32个博士后流动站,36个一级学科博士学位授权点,45个一级学科硕士授权点。研究生院的建设与发展,推动了厦大研究生教育的空前发展,也更紧密地将厦门大学的学科建设与学院建设融为一体。

学科作为高校实施科研、教学活动和集聚人才的最基本的单元,是学校根本性的基础建设,也是院系建设发展的基础与支撑。这个时期,凭借国家"211工程"、"985工程"建设和创建"双一流"的支持,院系以学科为支撑,以学科建设为重心,凸显了学科建设的基础性与关键性。

其一,以学科建设为支撑为龙头,整合组建符合学科发展和拓展创新学科建设的学院,优化学科布局。如整合厦大早期传播和研究马克思主义与当代马克主义教学研究的资源,成立马克思主义学院,设立"985工程"重点学科"马克思主义理论"、"211工程"三期国家重点学科"中国特色社会主义理论与实践"建设项目,与中共福建省委宣传部合作共建"厦门大学中国特色社会主义理论体系研究与培训基地",加强学科建设,建设国内高水平的马克思主义理论学术创新基地。如整合全校电子工程、电子科学、微电子与集成电路、电磁声等相关学科,组成电子科学与技术学院,入选国家示范性微电子学院;整合软件学院、物理科学与技术学院、计算机与信息工程学院相关资源成立信息学院;将公共事务管理学院的社会学系与人文学院的人类学系组合成社会与人类学院,更准确对应国际学科范式;而像数学科学学院、国际关系学院、台湾研究院、教育研究院、萨本栋微米纳米科学技术学院,则是应对历史与国家的需求,在学校原本的优势或特色学科基础上建立起来的学院。其中数学与应用数学为国家级一流专业、国家一类特色专业、国家理科数学与应用数学基础科学研究和教学人才培养基地,入选国家基础学科拔尖学生培养试验计划;台湾研究院入选国家高端智库试点建设、培育单位。以教育部人文社科重点研究基地会计发展研究中心和国家重点学科工商管理为依托,整合MBA和EMBA、会计系、工商管理系、管理科学系与旅游管理专业组成管理学院,很快使管理学院成为中国最具竞争力的十大商学院之一。工商管理、会计学、财务管理和电子商务4个专业入选国家一流本科专业建设点,在2017年教育部公布的全国第四轮学科评估中，工商管理一级学科获评A类学科，经济学与商学进入ESI全球前1%行列。

其二，以大学科理念、通过国家人才培养基地和重点学科的依托带动，推进院系与学科的建设发展。1999年校院二级管理体制改革伊始，学校就开始推行大学科的学院建制理念，文、史、哲3个系6个一级学科，以国家文科历史学基础科学研究和教学人才培养基地与国家重点学科中国经济史为带动，组建人文学院，力图打通文史哲，"研究高深学问"和培养人文学科精英人才。以大医科理念，整合生命科学学院、医学院、药学院、公共卫生学院等力量，推进学科交叉融合，构建医、教、研有机融合的医科教育体系。2018年和中国卫生信息与健康医疗大数据学会共同建立医疗健康大数据国家研究院，汇聚理、工、医及社会科学十几个学院的教师与研究团队，通过自主创新和跨学科合作，产生一批国内外领先的具有良好产业转化价值的一流研究成果，凸显大学科整体的优势。

在大学科建设与学科协同创新中，由厦门大学牵头，与复旦大学、中国社会科学院台湾研究所、福建师范大学共同建设的国家协同创新中心"两岸关系和平发展协同创新中心"，由厦门大学、复旦大学、中国科学技术大学和中科院大连化物所为核心层，组建的国家级协同创新中心"能源材料化学协同创新中心"，都体现出大学科、跨学科与跨越部门、学校的创新优势。2018年12月，国家自然科学基金委依托厦门大学建设"国家天元数学东南中心"，该中心由数学科学学院牵头，联合5个省14所高校为共建单位，更是以大学科、大组合、大跨越的组织形态呈现出构建一流核心竞争力的重要举措。

其三，发挥优势，打造国内领先、国际一流的高峰学科，是这一时期厦大院系建设与发展水平最基本也是最重要的成果之一。目前厦门大学有理论经济学、应用经济学、工商管理、化学、海洋科学5个国家一级重点学科，另有25个国家二级重点学科，分布在经济、管理、化学化工、数理、海洋与地球、生态与环境、法学、高等教育、生命科学、人文等学院。另有化学、工程学、农学、社会科学、计算机科学、分子生物学与遗传学、微生物学、药物理与毒理学、地学、物理学、经济学与商学等18个学科在ESI全球排名前1%；17个学科在QS世界大学学科排行榜上有名，上榜数居中国大陆高校第12位；37个学科登上软科世界一流学科排行榜，上榜数居中国大陆高校第8位。2017年，化学、海洋科学、生物学、生态学、统计学入选国家"双一流"建设行列。

当我们对厦大100年的院系发展做出梳理后，我们会发现，厦大百年院系的历史脚步，实际上是伴随着100年来中华民族伟大复兴的风云变幻与中国高等教育的命运嬗变而砥砺行走的，它走的是一条从小到大、从少到多、从大到强的历史发展脉络，一条是院系建设与学科发展紧密融合的道路，一条是国际竞争力和整体实力不断提升的道路。百年院系不断调整不断演化的进程，也就是百年学科不断变革不断创新的历程，这里有成功的喜悦，也有挫折的教训，有起伏的艰辛，也有前进的欢笑，但无论在什么时候、在什么样的空间里，都向着校主陈嘉庚先生提出的“世界之大学”目标前行，都沿着“与世界各大学相颉颃”的意志行进，都朝着“中国特色，世界一流”的憧憬踔厉奋进。

五

“厦门大学百年院系史”系列的编撰出版，是各院系向厦门大学百年华诞献上的一份礼物，她以100年来各个学院、研究院的学科发展、专业建设、院系在时代中变动的脚步为主要内容，呈现不同历史时期南方之强的个性与风采。目的在于总结经验，传承命脉，弘扬自强不息、止于至善精神，激励“双一流”建设，为厦门大学与中国高等教育留下一份珍贵的历史叙述。全校共有35个院系、研究院及厦大出版社参加了这个规模空前的编写工程。每部院系史主要包含以下内容：

一、历史的脚步。这是全书最主要的叙述，它通过对院系的历史梳理，描述出在各个历史时期的发展脉络与特征，客观呈现各学院发展进程中的主要事件，重点叙述以学科建设、人才培养为重心的发展变化、主要特点和成就，以及行政管理、社会服务上的变更发展。

二、党政管理。叙述院系党的建设情况，行政机构的变更，历任党、政领导等。

三、学科发展。叙述院系学科建设发展的轨迹与特色、地位与成绩，包括博士授权点、硕士授权点介绍及其人才培养特色，研究基地、研究所、中心介绍及其工作特色，重点实验室介绍及其工作成就，对外交流成果等。

四、教学成果。阐述院系在人才培养与教学教育中的发展嬗变，包括专业设置、课程体系、精品课程与教改项目、教学成果奖、特色专业与创新试验区、教学团队、教材建设、人才培养基地、创新创业教育等内容。

五、学术成就。配合学科建设的发展，叙述学术上的做法与成就，包括获奖学术成果、主要著作与论文、主要研究课题。

六、附录：院系大事记。

这是一项具有长远意义且严肃的工作，学校要求各院系在编撰中坚持正确的政治导向，突出与中国共产党同龄的厦门大学教育救国、教育兴国、教育强国的历史步点；重点叙述与提炼各学科、各专业及人才培养的发展与成就，彰显学术大师和著名校友的贡献；历史须客观叙述，要求准确无误有根有据，尽可能追根溯源，填补漏缺，还原历史，强调学术传承。但历史的写作须经千锤百炼，百年院系历史的叙述需要长期的淬炼，今天打开的这个脚步，难免深浅不一，难免有疏漏之处，还有许多需要打磨甚至勘正的地方，还请各位读者批评指正。

全校的百年院系史系列编撰工作在2019年的春天启动，历时两年的时间，在厦门大学百年华诞到来之际，终于与厦大人、与各方读者见面了。当各院系的撰写者在各自的历史隧道中搜寻攫微、考辨记载而写出自己的院系历史的时候，实际上是在对一个学科、一个院系的过去与今天的研究梳理，也是与明天的一个重要联系与启示。相信经过这次院系史的研究编写，各学院各学科将会以史为鉴，以更宏伟的规划更准确的定位更实在的工作，在党的坚强领导下，向着“中国特色，世界一流”的建设方向，奋力推进厦门大学院系建设与学科发展。

2021年3月12日

前　言

凝心聚力发展能源技术，共谱华章喜迎百年校庆！

1921 年，陈嘉庚先生以“教育救国”之心创办厦门大学。经历百年风雨兼程，厦门大学在实现中华民族伟大复兴的征程上书写自己的精彩篇章，正以“海纳百川”的气势走向世界。进入 21 世纪，国家亟须大力发展清洁低碳能源，2007 年，厦门大学服务于国家重大战略需求，成立能源研究院，2013 年，在能源研究院基础上成立能源学院。经过十余年的砥砺前行，能源学院已在国家能源创新体系中占有一席之地，由从无到有的始创期进入做强做大的发展期。

源于 18 世纪 60 年代的工业革命，释放了埋藏地质千百万年的煤炭、石油、天然气等化石能源的巨大能量，推动一直缓慢前行的人类历史长河进入奔腾河段，全球经济快速增长，人们物质生活水平不断提高。然而，化石能源使用过程中排放的二氧化碳也不断推升大气中二氧化碳浓度，温室效应越来越明显。工业革命以前，大气中平均二氧化碳浓度长期稳定在 280 ppm，2005 年已上升至 380 ppm，全球平均气温较工业革命前升高了近 1 ℃，并呈加速态势，距离人类可以承受的极限 2 ℃升温只一步之遥。因此发展太阳能、风能、生物质能等清洁低碳能源替代传统化石能源已成为各国未来竞争的制高点。我国石油天然气缺乏、能源消费结构中煤炭占比很高，问题更加突出。不断攀升的油气进口依存度已威胁到国家的能源安全，煤炭热值较低、碳排放系数大，改革开放以来我国碳排放总量和人均量都呈高速增加状态，碳排放国际压力大。2000 年我国人均 GDP 仅 1000 美元，与中等发达国家水平相差甚远，仍需要大量的能源以支撑经济的稳定增长，发展清洁低碳能源刻不容缓。21 世纪初，《能源中长期发展规划纲要(2004—2020 年)》《中华人民共和国可再生能源法》《可再生能源中长期发展规划》等纲领性文件和法律相继发布，发展清洁低碳能源成为我国实现可持续发展的国家战略，能源学院(研究院)应时而生。

鹭江潮潮落潮涌，凤凰花花谢花开。春秋十余载，厦门大学能源学院以“发展能源技术，共同改变世界”为己任，致力于清洁低碳能源的人才培养和技术研发，从无到有、快速成长，小学院迸发大能量。贯通本科、硕士和博士的国际化、复合型人才培养体系不断完善，学生就业满意度一直名列学校前茅；科研条件建设成效显著，国内外一流高校（研究机构）引进人才组成的高水平团队已在清洁低碳能源关键技术攻关上显示实力，进入国家能源创新体系；积极服务地方经济，已成为区域最有影响力的清洁低碳能源政产学研用融合平台。

我国清洁低碳能源产业发展迅速。2015 年，太阳能装机容量和发电量超越美国，位居世界第一；2016 年，风电装机容量和发电量超越美国，位居世界第一，我国已是清洁低碳能源大国。但我们的能源问题依然严峻，煤炭占比近 60%，石油进口依存度高达 70%以上，年二氧化碳排放量全球占比超过 25%。2015 年，《联合国气候变化框架公约》缔约方达成《巴黎协定》，要求各国立即采取行动减少温室气体排放，将全球平均气温较前工业化时期上升幅度控制在2 ℃内，并努力限制在 1.5 ℃内。2020 年 9 月 22 日，国家主席习近平在第七十五届联合国大会一般性辩论上宣布，中国将提高国家自主贡献力度，采取更加有力的政策和措施，二氧化碳排放力争于 2030 年前达到峰值，努力争取 2060 年前实现碳中和。

2019 年，我国人均 GDP 突破 1 万美元，约是中等发达国家的 40%。要实现 GDP 稳定增长的同时，碳排放总量大幅度下降，必须有更好更快的清洁低碳能源的发展，关键在于源源不断的高素质人才输送和持续创新的技术突破。广阔天地，需要作为！能源学院，任重道远！

知史以明鉴。百年校庆之际，让我们铭记校训：自强不息，止于至善，不忘能源学院初心：发展能源技术，共同改变世界！共同铸造能源学院、厦门大学一个又一个辉煌百年！

《厦门大学能源学院院史》编委会

2020 年 9 月

目录

content

第一章
历史沿革

能源是人类文明的重要物质基础和发展动力，人类文明的每一次飞跃都离不开能源的革命：掌握了火，人类文明之光初现；“蒸汽机＋煤炭”开启了第一次工业革命；“内燃机＋石油”引发了第二次工业革命。然而，建立在化石能源基础上的工业革命，在推动世界经济快速发展的同时，也带来了环境污染、气候变化和地区资源冲突等威胁人类生存和可持续发展的问题。进入21世纪，摆脱对传统化石能源的过度依赖，发展清洁、低碳的新能源和可再生能源，抢占未来科技和产业发展的制高点已成为世界各国的共识，世界主要国家都将新能源和可再生能源的开发利用上升为国家战略。

我国贫油、少气，煤炭资源相对丰富，能源消费结构中煤炭占比一直很高，2004年为68%(2019年依然高达58%)，是世界上少数几个能源以煤为主的国家和最大的煤炭消费国，燃煤造成的环境污染日益突出。1993年，我国成为石油净进口国后，石油进口依存度一路攀升，2004年已达44%(2019年高达70.8%)。经济可持续发展受到了能源和环境的双重约束，必须推动能源生产和消费革命，从而有效解决能源消费与经济发展之间的矛盾和能源安全问题，促进经济社会与资源环境协调和可持续发展。

2004年6月，我国发布《能源中长期发展规划纲要(2004—2020年)》(草案)，将能源规划纳入经济社会发展总体规划，希望依靠科技进步和创新，实现能源供应多元化，为全面建设小康社会提供稳定、经济、清洁、可靠、安全的能源保障。2005年2月，《中华人民共和国可再生能源法》颁布，将风能、太阳能、水能、生物质能、地热能、海洋能等可再生能源的开发利用列为能源发展的优先领域。2007年8月，国家发展改革委印发《可再生能源中长期发展规划》，提出可再生能源的发展目标：在整个能源消费中的占比从当年的8%，至2010年达到10%，到2020年达到15%左右。

为服务国家能源战略需求，抓住国家重点发展能源产业的机遇，高起点起步，推动我校科学研究进入国家的战略前沿，并在国家创新体系中占据一席之地，2007 年 9 月，厦门大学发文成立能源研究院。2008 年 3 月，学校任命田中群院士为能源研究院院长、龙敏南为副院长。2009 年 2 月，能源研究院自主设置二级学科“核科学与工程”、“光伏工程”和“能源化学”理学博士专业获得国务院学位办备案。2009 年 3 月，学校聘任美籍华人科学家李宁博士为能源研究院院长。2010 年 9 月，首届 33 名硕士、博士研究生入学。2012 年 5 月，自主设置二级学科“核工程与材料”、“光伏工程”、“能源化工”和“能效工程”工学博士专业获得国务院学位办备案。2012 年 11 月，能源研究院整体搬迁到翔安新校区能源研发大楼。2013 年 4 月，“新能源科学与工程”本科专业获得教育部备案、批准招生。2013 年 5 月，能源学院在能源研究院基础上成立。2013 年 9 月，首届 54 名本科生入学。

经过十余载的发展，能源学院已经由从无到有的始创期进入到由弱变强的发展阶段，高水平的教学、科研团队初见雏形，在学科建设、学生培养、科技研发、社会服务和行业影响力等方面都取得了一定的成绩。2019 年底，学院教职工 52 人，其中专任教师 27 人，全部具有博士学位(其中教授 9 人、副教授 14 人。闽江学者特聘教授 2 人、厦门大学特聘教授 1 人、教育部新世纪优秀人才 2 人、福建省杰出青年 1 人、厦门大学南强青年拔尖人才 B 类 2 人)，工程技术系列 15 人(其中教授级高级工程师 1 人、高级工程师 5 人)，专职党政管理人员 10 人；拥有“核工程与材料”、“能源化工”、“光伏工程”和“能效工程”等 4 个自主设置二级学科博士专业和“新能源科学与工程”本科专业，在工程硕士“材料工程”领域招生；在校生 407 人，其中博士生 46 人、硕士生 145 人、本科生 216 人；承担了一批国家重点研发项目(课题)和大型企业委托项目，多项科技成果产业化。2019 年度人均科研经费 101.43 万元，在全校理工医学院中位居第 5 位，博士研究生人均高水平论文数继续名列全校前茅；拥有福建省核能工程技术研究中心、福建省生物质清洁高值化技术工程研究中心、福建省新能源产业技术开发基地、厦门市生物质清洁高值化利用重点实验室等省市科研平台和国内唯一、世界领先的原位辐照联机设施等大型仪器装置；学生创新实践活动成绩斐然，获得了 2019 第五届中国“互联网+”大学生创新创业大赛全国总决赛“青年红色筑梦之旅”赛道金奖、2016 年施耐德电气绿色能源全球创新案例挑战赛中国赛区第一名、总决赛第四名等国内外赛事佳绩；承办了第四届中国能源环境高峰论坛——海峡西岸峰会、第四届生物炼制与生物能源国际会议、核能与核燃料循环国际论坛、第五届应用能源：低碳城市及城市能源系统国际研讨会等高水平论坛，向国家能源局、福建省发展和改革委员会(以下简称“福建省发改委”)、科技厅、工业和信息化厅和厦门市经济发展局等部门提交了多份产业与技术报告和政策建议，已成为区域内有影响力的专业智库。

第一节　应时而生(2004—2008)

2004 年 6 月，我国《能源中长期发展规划纲要(2004—2020 年)》(草案)指出，能源是经济社会发展和提高人民生活水平的重要物质基础，必须坚持把能源作为经济发展的战略重点，把能源规划纳入经济社会发展总体规划，依靠科技进步和创新，高度重视能源安全，搞好能源供应多元化，为全面建设小康社会提供稳定、经济、清洁、可靠、安全的能源保障，以能源的可持续发展和有效利用支持我国经济社会的可持续发展。

2005 年 2 月，《中华人民共和国可再生能源法》颁布，将风能、太阳能、水能、生物质能、地热能、海洋能等可再生能源的开发利用列为能源发展的优先领域，通过制定可再生能源开发利用总量目标和采取相应措施，推动可再生能源市场的建立和发展，利用可再生能源增加能源供应，改善能源结构，保障能源安全，保护环境，实现经济社会的可持续发展。

2007 年 8 月，国家《可再生能源中长期发展规划》发布。9 月 4 日，国家发展和改革委员会在《可再生能源中长期发展规划》新闻发布会上指出，在可再生能源领域，世界面临着很多共同的新技术创新问题，要加强可再生能源开发的能力建设，主要是科研的投入、教育的投入以及人才的培养。2008 年 3 月，《可再生能源发展“十一五”规划》指出，除水电、太阳能热利用、沼气外，我国其他可再生能源的技术水平较低，缺乏自主技术研发能力，设备制造能力弱，技术和设备生产主要依赖进口，技术水平和生产能力与国外先进水平差距较大，人才培养不能满足市场快速发展的需要。

国家战略和产业发展的需求就是高校人才培养和技术研发的导向。成立能源研究院，培养行业急需人才，整合学校分散在各学院的新能源和可再生能源的研发力量，多学科交叉融合，攻克行业发展关键技术难关，促进厦门大学能源学科发展已成为多方共识。在生命科学学院龙敏南教授、科技处柳旭处长等老师的推动下，学校紧锣密鼓地启动了筹建能源研究院工作。2006 年 12 月 15 日，张颖副校长主持召开了筹备成立厦门大学能源研究院第一次专题会议；当年 12 月 22 日，孙世刚副校长主持召开了第二次专题会议；2007 年 1 月 13 日孙世刚副校长主持召开了第三次专题会议。

会议认为成立能源研究院的目的在于抓住国家重点发展能源产业的机遇，组建跨学科平台（文、理、工），整合我校能源研究的力量，促进我校多学科交叉和能源科学研究水平提升，加强我校对外科技合作，推动我校科研项目的产业化，努力为国家和地方经济发展、社会进步做出贡献。能源研究院主要定位于基础研究和应用开发研究，瞄准国家或地方能源发展的需求，有明确的目标，并且能够实现研究成果的转化。体制机制是组建能源研究院的关键问题，应以新的体制、机制组建能源研究院，并以此推动全校理、工、人文社科多学科交叉。能源研究院应从政策上扶持和鼓励教师参与应用开发研究，考评标准不唯论文，适当提高发明专利在评价体系中的权重，制定有利于鼓励技术创新的考评制度，调动教师承担应用开发研究项目的积极性和主动性。

会议决定成立厦门大学能源研究院筹备组，张颖副校长任组长，孙世刚副校长为召集人，成员包括叶世满、柳旭、金能明、龙敏南、林伯强等学校有关部门（学院）负责人和从事能源研究的老师。

2007 年 7 月 9 日，龙敏南执笔的《关于厦门大学能源研究院建设方案的报告》经田中群院士审稿、科技处柳旭处长会稿、张颖副校长和朱崇实校长批准，提交 7 月 27 日第 19 次校长办公会研究。会议决定成立能源研究院，由田中群院士担任院长，设立办公室并配备相关人员。2007 年 9 月 14 日，学校发文成立厦门大学能源研究院，11 月 30 日厦门大学第 27 次校长办公会同意能源研究院岗位设置方案，12 月 24 日发文同意启用“厦门大学能源研究院”印章，2008 年 2 月 15 日发文公布能源研究院岗位设置方案，3 月发文任命田中群为能源研究院院长、龙敏南为副院长。4 月拟任办公室主任张正泓校内调岗到位。学校拨出映雪一（101）和（103）（约 50 平方米）作为能源研究院组建办公室，田中群院士从课题经费中先行垫付资金购置研究院办公桌椅、书柜、电脑等办公设施，学校科技处将依托厦门大学建设的福建省新能源产业技术开发基地落地能源研究院，省经贸委拨付的20万元基地建设经费由能源研究院支配。7月，经校内外公开选拔，聘任李小梅、陆雪英、廖秀珍、郑剑香为能源研究院秘书。

2008年4月8—10日，经化学化工学院杭纬教授举荐，美国洛斯阿拉莫斯国家实验室(Los Alamos National Laboratory)高级研究员、美籍华人科学家李宁博士应田中群院长邀请访问厦门大学，做题为“世界能源现状——能源供需及前沿技术”的南强学术讲座，得到参加讲座的校领导和院士、教授们的高度认可。9月，李宁博士再次访问厦门大学，就能源研究院的建设和发展规划与朱之文书记、朱崇实校长和田中群院长等进行深入的沟通交流后，决定回国出任能源研究院院长。11月，李宁博士签约厦门大学。2009年2月，李宁博士举家从美国迁居厦门。3月，学校发文聘任李宁为能源研究院院长。

李宁博士，1986年本科毕业于中国科学技术大学，1991年博士毕业于美国加州大学圣巴巴拉分校，2006年获美国亚裔工程师年度奖，曾任美国洛斯阿拉莫斯国家实验室终身研究员、中美民用核能合作协调组美方副组长、美国加州大学伯克利分校(UC Berkeley)核研究中心副主任、美国泰拉能源公司(比尔·盖茨创投)亚洲发展总裁，参与制定了美国能源部多项重要民用核能项目规划和路线指南。

2008年4月7日，朱之文书记、朱崇实校长、叶世满校长助理召集科技处、规划办等部门负责人召开能源研究院专题会议。田中群院长介绍了研究院的发展规划和实施方案，也提出了面临的困难和问题。会议决定：为支持能源研究院高起点建设和发展，学校重点建设能源学科，将“新能源开发与利用”列入“985工程”三期建设，在翔安新校区建设“能源研发大楼”。985建设经费下达之前，学校借款1300万元作为人才引进和研究院启动经费。

2008年7月，能源研究院搬迁至嘉庚二6楼。研究院成立之时，翔安校区尚处于规划建设阶段，思明校区空间十分紧张，学校资产处提供的映雪一(101)和(103)(约50平方米)仅可作为筹建办公室。研究院组建团队努力在校内和校区周边寻找教学和科研空间，考察了软件园一期、华夏学院旧校区、厦门理工学院旧校区等区域。2008年7月，研究院租赁厦门大学国家大学科技园校内园区嘉庚二6楼(607/609)、(611)和(613)三个大间，(607/609)用作研究院行政办公和龙敏南副院长办公室，(611)用作会议室兼学术报告厅，(613)用作李宁院长办公室(2010 年 3 月王鲁闽讲座教授入职后,办公室中间作隔断,东边为李院长办公室,西边为王教授办公室),12 月增加租赁(608),挂牌能效工程研究所作为教师办公室。

2008 年 12 月 22 日,华南理工大学林鹿教授应邀访问能源研究院。经过多次深入的沟通交流,2010 年 7 月,林鹿受聘厦门大学特聘教授。2011 年 12 月,学校任命林鹿为能源研究院副院长,2013 年 10 月改任能源学院副院长,2019 年 7 月任能源学院副院长(主持工作)。

第二节 坚实基础(2009—2013)

能源研究院是个全新的学院级机构,不是脱胎于某个院系或研究所(中心)、不依附于某一学院,有独立的人员编制。因此,研究院成立之后,首要任务是按照学校对研究院的定位明确未来的发展方向。首任院长田中群院士提出,能源研究院应该做"顶天立地"的事,顶天就是以国家战略为导向,在国家能源创新体系中占有一席之地,不能只是重复别人做过的工作,进行修修补补;立地就是服务地方经济和产业发展需求,解决制约产业发展的关键技术、瓶颈技术,推动产业的发展壮大,不能只是发发论文,做做报告;能源研究院要在体制机制上创新,推动学校工科发展,为振兴工科做贡献。李宁院长认为,中国高校和企业之间的产学研合作经常是"脱链"的,一方面,高校的科研成果通常仅停留在概念验证、小规模试验上,最多申请专利;另一方面,很多中国企业也不愿意把"手"伸过来,开展研发,将实验室成果转化为可用的技术和产品。能源研究院和大学中常见的学院应该有所不同,要发挥的是"中间人"的作用,成为介于高校和企业之间的一个"接力棒",定位于技术开发、技术示范——伸出一只"手"和高校的常规院系结合,为它们的基础研究和应用基础研究找到产业化的方向和途径,把它们深"加工",引入更成熟的开发阶段;同时,伸出另一只"手"拉企业进入研发阶段。新能源和可再生能源是未来的发展方向,能源研究院应该有别于其他高校脱胎于传统能源或动力的能源学院(研究院),主要开展新能源和可再生能源的研究。

综合国家能源战略和产业发展需求、学校对能源研究院的期许和学校已有的研发基础,能源研究院多次召集全校从事能源领域研究的老师们研讨,确定将主要围绕核能、生物能源、太阳能、化学能源和能效工程等 5 个领域开展研发，并成立相应的研究所，作为科研和行政管理组织。

核能是被实践证明可以大规模利用的清洁能源。2000 年核电发电量约占全世界总发电量的 16%，83%集中在工业化国家。为应对气候变化，降低化石能源占比，《国家核电发展专题规划(2005－2020 年)》提出要积极推动核电建设，实现跨越式发展，2020 年核电占全部电力装机容量的比重要从 2005 年的不到 2%提高到 4%，我国核电产业方兴未艾。福建化石能源缺乏，处于国家西电东送、西气东输的能源流末端，经济发达，电力紧缺；拥有曲折的海岸线，核电选址资源丰富，2007 年时已是我国在建、待建和前期核电项目最多，核电技术多样性最丰富的区域，但产业、技术和人才都缺乏。李宁院长长期从事核电技术研发，曾参与制定美国能源部多项重要民用核能项目规划和路线指南，担任过中美民用核能技术协调小组美方副组长，能源研究院开展核能技术研发，兼具天时、地利、人和的优势。

生物能源将可再生的生物质转化为燃料、燃油、燃气，是可以全面替代化石燃料的可再生能源。我国幅员辽阔，农业、林业、畜牧业生物质资源丰富，发展生物能源可以减少化石能源的使用，提升生物质价值，增加农民收入，保护环境，一举多得。厦门大学在能源化工和生物能源领域已有一定的技术积累，能源研究院开展生物能源研究可以形成特色优势。

光伏发电将照射到地球的太阳光直接转化为电，是取之不尽、用之不竭的清洁可再生能源。我国太阳能资源丰富，光伏产业发展迅速，2005 年，太阳能电池片出货量已跃居全球第一，但电池片的上游技术——化学法太阳能级硅提纯技术被外国公司垄断，转让价格高昂，严重阻碍了产业的进一步发展。冶金法太阳能级硅提纯技术相较化学法具有更环保、技术成本更低的优势，但要达到产业化大规模生产的要求，尚有很多技术难题要攻关。厦门大学在冶金法硅提纯技术领域研发基础雄厚，实际带动了福建省硅材料产业的发展。福建省政府对光伏产业和冶金法硅提纯技术十分关注，出台了一系列支持政策。能源研究院开展太阳能光伏产业技术研发有助于整合各方资源和优势、尽快突破冶金法太阳能级硅提纯产业化技术瓶颈，同时兼顾薄膜电池、钙钛矿等新型电池的研发。

厦门大学在电化学领域的研究居于全球领先水平，是我国化学电源基础理论的重要研究中心和最早开展锂离子电池研发的高校之一。我国锂离子电池产业发展迅速，2005 年已是 3C 电池的主要出口国，新能源汽车用动力锂离子电池的研发正在起步。能源研究院开展化学电源研发可以把学校雄厚的基础研究优势转化为产业技术优势。

我国人口众多，人均传统化石能源少：天然气仅为世界平均水平的 4.1%、石油为 8%、煤炭为 86%。1997 年 11 月颁发的《中华人民共和国节约能源法》就明确提出：节约资源是我国的基本国策。国家实施节约与开发并举、把节约放在首位的能源发展战略。但我国经济仍处于粗放发展阶段，2005 年单位 GDP 能耗高于世界平均水平。提高能源效率是实现能源节约与经济发展的最有效手段，不断研发能效工程技术是国家能源战略和产业发展的长期需求。

确定研发方向后，能源研究院以多种方式吸纳海内外高层次人才加盟。聘任美国密歇根大学终身教授王鲁闽为讲座教授、美国泰拉能源公司副总工程师丁军为兼职教授，与李宁教授一起带领核能方向；从华南理工大学引进林鹿教授、从美国雪佛龙石油公司引进刘运权教授，与龙敏南教授一起带领生物能源方向；返聘陈朝教授，聘任高文秀教授，从美国夏普实验室引进张风燕教授带领太阳能方向；双聘化学化工学院孙世刚教授、杨勇教授、赵金保教授带领团队在能源研究院开展化学电源的应用技术研发；不断从美国洛斯阿拉莫斯国家实验室，英国帝国理工大学、利兹大学，澳大利亚新南威尔士大学，清华大学、北京大学、复旦大学和西安交通大学等国内外著名高校、研究机构引进青年骨干。

2009 年 2 月，能源研究院申报的“核科学与工程”、“光伏工程”和“能源化学”自主设置二级学科博士专业方向获得国务院学位办备案。能源研究院班子在积极引进海内外高水平人才的同时，努力布局学科建设。我国没有“能源”或“新能源”、“可再生能源”学科，已有与能源相关的学科都以传统能源或动力研究为主，延展到相关新能源和可再生能源领域。厦门大学没有传统能源、热能、动力等学科，因此只能寻求在相关一级学科下设置二级学科。而每个一级学科下，教育部只允许设立两个自主设置二级学科。经协商，物理与机电工程学院同意在一级学科“物理学”下设立“核科学与工程”和“光伏工程”自主设置二级学科，化学化工学院同意在一级学科“化学”下设立“能源化学”自主设置二级学科，经济学院同意能源研究院共享“能源经济学”博士点。“核科学与工程”对应核能研究，“光伏工程”对应太阳能光伏研究，“能源化学”涵盖化学电源和生物能源两个方向，这样能源研究院的各个研究方向都有了学科依托。

2009年4月，厦门大学2009年第7次校长办公会议同意将厦门软件园二期望海路39号楼第一、二、三层作为能源研究院搬迁到翔安新校区之前的过渡用房。能源研究院立即着手空间安排、土建装修和实验条件配备等工作。

2009年5月22日，能源研究院全体工作人员从公开征集的多个参赛作品中投票遴选出学院院徽。院徽以能源(energy)的英文首字母"E"为设计元素，化为一只展翅高飞的鹏鸟，体现能源助力腾飞的内涵；同时又似一只大手托起"能源"之球，体现了开发新能源及能源高效利用的主题；整体还构成一个人，体现整合人才与资源，呈现出人才腾飞和研究院腾飞的精神风采。数字2007代表研究院的成立时间，以天空、海洋的蓝色寓示清洁新能源。

2009年6月11日，学校研究生院召集招生办、考试中心、经济学院、化学化工学院、物理与机电工程学院、能源研究院等单位负责人，专题讨论能源研究院研究生招生事宜。经协商，会议同意能源研究院自2010年起，原则上独立招收能源经济学、能源化学、光伏工程、核科学与工程等四个方向博士生和硕士生，招生指标单列。

2009年9月30日，经厦门大学第八届学位评定委员会第四次会议审议通过，研究生院发文成立能源研究院学位评定分委员会：主席田中群，副主席李宁，委员龙敏南、张鸿斌、陈秉辉、林伯强、洪永强。

2009年10月5—9日，核能研究所核电数字化仪控中心举办"核电数字化仪控技术培训班"。培训班由美国工程院院士Douglsa M. Chapin博士、美国核学会前任主席Ted Quinn等国际顶尖专家主讲，学员来自我国三大核电集团——中核集团、中广核集团、国家核电技术公司和浙江中控、深圳万讯等业内头部企业。本次培训是国内首个高水平核电数字化仪控技术培训班。2013年11月28—29日、2015年10月9—10日面向国内核电领域，核电数字化仪控中心又举办了两期核电站数字化仪控系统和软件的验证与确认研讨会。

2009年10月，能源研究院受福建省经贸委委托，提交《福建省新能源产业振兴规划建议书》。12月，《福建省新能源产业振兴实施方案》正式发布，将核能、风电、光伏、生物能源和新型环保电池产业作为福建省新能源产业发展的重点。进入21世纪，全球经济竞争格局发生深刻变革，科技发展正孕育着新的革命性突破，世界主要国家纷纷加快部署，推动节能环保、新能源、信息、生物等新兴产业快速发展。为抢占新一轮经济和科技发展制高点的重大战略，我国将“新能源、节能环保、电动汽车、新材料、新医药、生物育种和信息产业”列为重点发展的七大新兴产业。能源研究院成立后，很快成为福建省新能源和可再生能源有关政策制定的重要咨询单位。2009 年 12 月向福建省教育厅提交《福建省新能源产业人才培养培训建议书》，2010 年 4 月向福建省科技厅提交《福建省“十二五”科技发展规划——新能源与节能减排》，2013 年向福建省厦门市经发局提交《厦门市能源结构调整与优化研究》，2014 年 5 月向福建省发改委提交《加快福建省新能源汽车产业与市场发展的研究和建议》，2015 年 12 月向福建省发改委提交《进一步加快福建省光伏产业发展的建议》，2016 年 1 月向福建省发改委提交《破解福建省分布式光伏电站建设资金难题的建议》，2015－2017 年连续三年向科技厅提交福建省新能源产业年度发展报告：《福建省风电产业技术发展报告》、《福建省光伏产业技术发展报告》、《福建省核电产业技术发展报告》、《福建省新能源汽车产业技术发展报告》、《福建省“三电”产业技术发展报告》和《福建省节能产业技术发展报告》。

2009 年 11 月 27 日，能源研究院承办厦门大学第一届交叉学科论坛——新能源：挑战与发展，邀请国家能源局新能源与可再生能源处梁志鹏处长、化学化工学院田昭武院士、上海核工程研究设计院郑明光院长、无锡尚德公关部陈小东总监和河南天冠刘钺经理分别就我国新能源产业发展的目标与政策支持，新能源汽车、先进核能、光伏和生物能源的技术现状和产业发展与我校师生共同研讨。上海核工程研究设计院独立自主研发设计中国大陆第一座核电站——秦山核电站，是国家核电技术公司下属企业，我国引进西屋公司新一代 AP1000 技术、实现国家三代核电自主化的技术主体单位之一。无锡尚德 2005 年在纽约交易所上市，是全球光伏电池制造前三强企业。河南天冠是我国“十五”规划批准建设的四家大型燃料乙醇生产企业(黑龙江华润、吉林燃料乙醇、安徽丰原、河南天冠)之一。

2010 年 1 月 8 日，国家核电技术公司访问能源研究院。6 月 18 日，厦门大学与国家核电技术公司签署战略合作协议，依托能源研究院在先进核能技术研发与人才培养等方面开展全方位合作。国家核电技术公司是我国实现第三代核电技术引进、工程建设和自主化发展的主要载体和研发平台，与中核集团、中广核集团并称中国三大核电公司。

2010 年 1 月 30 日，微软创始人比尔·盖茨致函朱崇实校长。信中表示：

“厦门大学，特别是厦门大学能源研究院，在应对中国核电战略发展之需所做出的积极反应和承诺给我留下深刻的印象，厦门大学将在行波堆的国际合作中发挥重要的作用。”比尔·盖茨认为，厦门大学凭借天时、地利、人和的优势已然在这重要的历史转折点蓄势待发。

Dr. Zhu Chongshi
President, Xiamen University
P. R. China

Dear President Zhu:

Thank you very much for the lunch you hosted for me and my TerraPower team. It was a nice conclusion to my two-day visit in China.

I am impressed by Xiamen University's commitment to meeting the strategic needs of China, and especially by the strong support offered by the School of Energy Research. China's great nuclear power expansion is clearly underway, with ten reactors under construction and the planned commercial demonstration of fast reactors in Fujian, and Xiamen University is well positioned and well prepared to play a significant role in this historic transition.

Your university is broadly supported and could play an important role in TerraPower's international cooperation. I look forward to visiting the Xiamen campus in the future.

Sincerely,

Bill Gates

Bill Gates

微软创始人比尔·盖茨致函朱崇实校长

2010 年 3 月 10－12 日，李宁院长参加国际“和平与环境”原子能高级峰会(SHAPE－2010)。峰会在韩国首都首尔召开，韩国前总统金泳三担任大会主席。李宁院长是大会的主要组织者之一，也是大会国际组委会中唯一一位华人成员和国际协调员，并担任第五分会“多国核燃料循环方案”的会议主席。

2010 年 3 月，美国密歇根大学终身教授王鲁闽受聘能源研究院讲座教授。受聘期间，王鲁闽教授与李宁教授一起带领青年骨干开创了厦门大学材料辐照行为研究领域，承担了多个企业委托的重大科研项目，指导建成了“国内唯一、世界领先”的多离子束与透射电子显微镜联机设施。

2010 年 4 月 10 日，能源研究院向省科技厅提交“十二五”科技发展规划“新能源和节能”专题、重大专项建议书和技术路线简图，专题包括核能、高效储能和动力电池、太阳能电池与应用、生物能源、工业与建筑节能等五个子课题。

2010 年 4 月 19 日，南京工业大学校长欧阳平凯院士应能源研究院邀请访问我校，为全校师生做题为“低碳经济与生物质能源”的南强学术讲座。

南京工业大学校长欧阳平凯院士访问我校

（左起方柏山，龙敏南，欧阳平凯，万惠林，李宁，李军，林鹿）

2010 年 6 月 18 日，能源研究院组团参展“第八届中国·海峡项目成果交易会”，重点展示了大型先进压水堆核电站 CAP1400 系统、先进核电数字化仪控系统、生物质转化制生物燃料系统、太阳能光伏发电系统等示范装置，受到了各级领导、专家学者和企业家的关注。

能源研究院组团参展“第八届中国·海峡项目成果交易会”

龙敏南向福建省委书记孙春兰（前排左二）、省长黄小晶（后排左三）、科技部党组书记李学勇（前排左一）、中国工程院院长周济（前排右二）介绍参展产品

2010 年 6 月 30 日，能源研究院高文秀教授主持研发的“全物理法制备太阳

能级多晶硅全流程工艺技术”在河南南阳通过科技部组织的专家鉴定。

2010年8月,能源研究院特聘教授刘运权全职到岗,10月,特聘教授张风燕全职到岗。

2010年8月,研究院教学、科研入驻软件园二期望海路39号楼。为了便于与学校各部门和其他学院的联系,暂时保留嘉庚二租赁空间,用作研究院行政和教师临时办公。

2010年9月13日,能源研究院首届研究生入学典礼在软件园二期39号能源研究院阶梯会议室举行。本届共招收学生33名,其中博士生10名(能源经济学专业3名、能源化学专业5名、光伏工程专业2名),硕士生23名(能源化学专业7名、光伏工程专业4名、核科学与工程专业12名)。

2010年9月,能源研究院首届研究生入学合影

2010年9月27日,厦门大学党委书记朱之文在能源研究院院长李宁、福建省发改委主任郑栅洁、中广核集团总经理张善明等陪同下,在北京会晤美国微软公司董事长比尔·盖茨一行,主要就行波堆技术在中国,特别是率先在福建的推广应用问题举行会商。

2010年12月17日,美国参、众两院重要议员(主管或参与能源、商贸、金融等委员会)办公室主任代表团一行7人到访能源研究院。

2010年12月31日,生物能源所生物质化学催化转化课题组经过一年多时间的攻关,年生产能力100吨规模的“生物质一步法制备乙酰丙酸酯”产业化示范系统在能源研究院长泰生物能源中试基地调试成功。

2011 年 1 月 7—9 日，能源研究院举办厦门大学 90 周年校庆首场大型学术会议“中国能源环境高峰论坛——海峡西岸峰会”。

2011 年 1 月，为支持管理学院国际认证，能源研究院行政由嘉庚二 6 楼搬迁至嘉庚三 19 楼北侧，东边房间由李宁院长和王鲁闽讲座教授合用，中间房间用作会议室兼学术报告厅，西边房间由院办和龙敏南副院长合用。

2011 年 2 月 9 日，厦门大学与中广核战略合作框架协议签字仪式在颂恩楼 215 会议室举行。中广核集团总经理张善明、副总经理谭建生，福建省发改委主任郑栅洁，厦门大学党委书记朱之文，校长朱崇实，副校长张颖、赖虹凯等领导出席并见证了签约仪式。中广核集团总工程师赵华、副校长李建发代表双方在协议书上签字。双方一致认为，中广核集团与厦门大学在新能源技术研发等许多方面合作空间广阔。双方表示将紧紧围绕国家和福建省新能源的战略需求，深入调查研究，在合作框架协议的基础上细化合作项目，明确合作内容和发展定位。双方还探讨建立常设机构，并通过定期召开联席会议等形式，加强信息沟通，有计划、有重点地推进项目的对接与落实。2012 年 6 月 18 日，厦门大学与中广核集团在福州签署深化合作协议，共同建设平潭岛新能源产业。

厦门大学与中广核战略合作框架协议签字仪式

2011 年 2 月 25 日,福建省能源集团隋军董事长一行访问能源研究院,探讨双方在清洁能源领域的合作。

2011 年 3 月 18 日,美国阿贡国家实验室副主任 Stephen Streiffer、化学部主任 Emilio Bunel 等一行 5 人访问厦门大学,双方就在能源领域开展合作达成了意向。

2011 年 3 月,能源研究院第一届学生会正式成立。通过学生自荐及民主选举,推选出学生干部 6 人:主席吕虹玮、副主席兼科技学术部长欧阳晓灵、综合部长曹培根、文体部长李超、外联部长刘传勇和宣传部长郝唯唯。

2011 年 4 月 16 日,能源研究院荣获第二届厦门大学环校长跑赛团体总分第一名,首次在学校舞台展现“小能源,大能量”风采。

2011 年 5 月 12—15 日,能源研究院联合国家环境保护部核与辐射安全中心、美国密歇根大学在厦门大学举办“核电安全、技术与核工程教育”培训班,8 位国际知名教授为 122 位来自全国高校、核电企业、研究机构的学员授课,交流中美两国核电安全文化,分享核工程教育与科研经验,详细解读日本福岛核事故,旨在推动我国核电安全永续发展。2011 年 3 月,日本福岛第一核电站因冷却系统失灵,引发堆芯熔毁、放射性物质泄漏的核事故。事故震惊全世界,核电是否安全再次成为争论的话题。

2011 年 5 月 13—25 日,能源研究院举办第一届国际学生暑期夏令营,为来自美国密歇根大学学生开设的“中国文化课”和“清洁能源科学与工程”2 门/6 学分全英文课程被美国密歇根大学承认。此后,国际学生暑期夏令营每年均举办。

2011 年 5 月 27 日,应能源研究院李宁院长的邀请,利兹大学副校长 Richard Williams 教授访问我校,探讨双方共同培养本科生、研究生的计划以及教师在培训、学术上的交流。

2011 年 6 月,“985 工程”三期启动,依托能源研究院建设的“洁净能源科学与工程创新平台”获得首期建设资金 2150 万元。

2011 年 7 月 1 日,能源研究院党总支成立大会在卢嘉锡楼(202)报告厅召开,龙敏南、林鹿、郭奇勋、缪惠芳、吕虹玮当选为中国共产党厦门大学能源研究院第一届总支部委员会委员。在化学化工学院党委金能明书记的主持下,总支部委员会第一次全体会议对各委员的工作进行了分工:龙敏南任总支部书记;郭奇勋任总支部副书记兼组织委员,分管教工工作;缪惠芳任总支部副书记兼宣传委员，分管学生工作和妇女工作；林鹿任总支部纪检委员；吕虹玮任总支部青年委员。

2011年7月，能源研究院党总支大会召开

2011年7月，李宁教授主持、能源研究院联合中国原子能科学研究院申请的国家重大科研仪器研制项目——“辐照效应实时原位分析装置的联机部件研制”获得国家自然科学基金资助，经费总额350万元。本项目为能源研究院计划建设的“多离子束与透射电子显微镜联机设施”中的一部分，联机设施预算总投资3000万元。

2011年11月，根据教育部调整和重新申报二级学科自主设置专业的要求，能源研究院组织申报自主设置二级学科“核工程与材料”、“光伏工程”、“能源化工”和“能效工程”工学博士专业方向。

2012年3月25—27日，应李宁院长邀请，英国利兹大学 Simon Biggs 教授和 Michael Fairweather 教授访问能源研究院，推进厦门大学与利兹大学在核能等清洁能源领域的合作。

2012年4月28日，为服务行业对本科人才不断增长的需求，能源研究院院务会决议申报“新能源科学与工程”本科专业。9月，“新能源科学与工程”本科专业设置方案通过学校评审，向教育部申请备案。

本次院务会还决议以“各方向相对集中、现实与长远发展结合”的原则安排翔安新校区能源研发大楼的空间:B栋1层用于光伏工程技术研发,2层用于化学电源技术研发,3～4层用于生物能源技术研发;A栋1层用于核电数字化仪控技术研发和院公共仪器平台,2层用于院行政办公、会议室等后勤保障,3层用于能效工程和核材料技术研发,4层备用于未来发展,按照学校统一部署,启动翔安新校区搬迁的准备工作。

2012年5月,“核工程与材料”、“光伏工程”、“能源化工”和“能效工程”工学博士专业获得国务院学位办备案,“能效工程”为该领域全国首个博士专业。能源研究院实现了学科发展与学院定位的一致:“围绕国家可持续发展战略和国家能源科技的重大需求,通过学科交叉与融合,形成独具特色的能源科学、工程和人才培养基地。”

2012年5月,能源研究院与材料学院就“材料工程”全日制双证工程硕士共同招生达成一致意见,设立专业硕士“材料工程”领域能源材料方向。学校研究生院同意从2013年起,每年给予能源研究院单列“材料工程”专业硕士招生指标。专业硕士“材料工程”领域能源材料方向的招生突破了能源研究院学术型硕士招生指标的瓶颈,有力地推进了研究院的科研和学生培养工作。

2012年11月25日,能源研究院整体搬迁至翔安校区能源研究院大楼。大楼总建筑面积13000平方米,其中和木楼10500平方米,工程房2500平方米。能源研究院历经映雪一、嘉庚二、软件园二期、翔安新校区,五年三次搬迁,从此有了适合正常教学和科学研究、技术开发的空间,步入发展正轨。

能源研究院大楼为能源楼群的组成部分。在能源楼群的设计和建设过程中,能源研究院积极参与。2009年6月,接到翔安校区建设办报送能源研发大楼设计任务书的通知后,即广泛征求教职工意见和建议,吸纳其他工科院校的经验,提出加入绿色低碳建筑的理念,将能源楼群建成新能源综合利用、节能示范型建筑的建议,并要求建设适合工科技术研发所需的工程房。能源楼群建设期间,研究院密切保持与翔安校区建设办和设计、施工单位的联系,及时完善建筑细节,尽可能确保满足使用需求。竣工后的能源楼群由1号楼醇醚酯化工清洁生产国家工程实验室大楼、2号楼能源研究院大楼和3号楼工程房(能源研究院2/3,国家工程实验室1/3)组成。3号楼工程房楼层净高12米,配有3吨的行车,是厦门大学第一座专门设计用于产业化技术与工程开发的大楼,屋顶建有建筑一体化 150 kW 光伏发电系统。

2012 年 12 月 15—16 日，“核能与核燃料循环国际论坛 2012”在厦门大学召开，美国能源部前助理部长 Margaret Chu 博士、英国皇家工程院院士 Simon Biggs 教授、中国核能行业协会的徐玉明副秘书长等 80 余名专家学者就核能、核燃料循环以及核废料处置、处置场建设的政策、战略导向、技术等进行热烈的讨论和积极的发言，旨在建设完善核燃料循环，包括安全处置与合理利用核废料，保障核能的安全、高效、可持续发展。

2013 年 4 月，“新能源科学与工程”本科专业获教育部备案，同意作为本科特设专业自 2013 年起面向全国招生。4 月 10 日，能源研究院院务会决定成立教学部，负责研究生和本科生教学工作：主任林鹿，副主任缪慧芳，成员冉广、刘健、郑淞生、赵英汝、黄光晓、龚正良，秘书陆雪英。

2013 年 5 月 10 日，应能源研究院李宁院长邀请，国家能源局原局长、国家能源委员会专家咨询委员会主任张国宝访问厦门大学，为全校师生作了一场题为“进入低碳时代的能源课题和发展潜力”的南强学术讲座。张国宝详细介绍了进入新世纪以来我国能源面临的形势，展望新能源发展，我国下一步将下大力气提高非化石能源比重，安全高效发展核电，大力发展风能和太阳能，坚定不移地推进节能减排，并将着力培育新型能源产业。

2013 年 5 月 16 日，厦门大学同意能源研究院的申请，决定成立厦门大学能源学院，同时保留能源研究院作为学院的研究机构，并按学院配备党政班子，成立中共厦门大学能源学院委员会。7 月 3 日，厦门大学任命马兆海为能源学院党委副书记，9 月 23 日任命缪惠芳为能源学院党委副书记。10 月，厦门大学发布“关于能源研究院行政领导干部改任能源学院相应职务的通知”。11 月 20 日，厦门大学任命孙梓光为能源学院党委书记。

2013 年 6 月 18 日，能源研究院与福建省企业与企业家联合会联合发起成立的福建省新能源科技产业促进会（新能源产业联盟）获得福建省民政厅批准，在“第十一届中国·海峡项目成果交易会”上成立，李宁院长任会长。

2013 年 9 月 23 日，首届 54 名“新能源科学与工程”本科生入学。25 日上午举行新生家长见面会，研究生代表杨娉婷向家长们介绍学生在校的学习生活情况。26 日上午举行新生开学典礼，李宁院长致欢迎词，闫江宁同学代表新生发言。

2013 年,首届"新能源科学与工程"本科生入学合影

2013 年 10 月 22 日,为进一步增强学院公共服务能力,提升工程技术支撑水平,提高跨学科、跨方向组织运作重大科技开发项目的能力,根据《厦门大学横向科研经费管理办法》,经广泛征求教职工意见,并征得学校科技处和财务处同意,《厦门大学能源学院横向项目管理服务费提取办法》发布,决定在学校提取 7%管理费外,学院对横向项目采取超额累退法增提管理服务费:100 万以内增提 5%,100 万~500 万增提 4%,500~1000 万增提 3%,1000 万以上不再增提。

2013 年 11 月,林鹿教授主持、与中绿集团联合申请建设的"厦门市农产品高值化与生物能源科技创新平台"获得厦门市科技局立项,平台建设经费 800 万元。创新平台通过将农产品、秸秆等生物质转化成能源与高价值化学品的工艺技术开发,为厦门市和福建省农产品加工等企业提供产业结构调整与升级的技术基础。

2013 年 12 月 3—5 日,能源学院承办第 4 届生物炼制与生物能源国际会议(The 4th International Conference on Biorefinery towards Bioenergy),国内外 200 多位学者参会。

2013 年 12 月,能源学院第一届教授委员会、第一届聘任委员会成立。教授委员会:主任刘运权,副主任张风燕、陈秉辉,委员龙敏南、孙世刚、张珞平、杨勇、赵金保、柯才焕、洪永强、袁友珠,学术秘书姚军。聘任委员会:主任李宁,副主任孙梓光,委员马兆海、林鹿、郭奇勋、缪惠芳。

2013年底，能源学院共有教职工38人，其中专任教师23人(教授5人，副教授7人)，工程系列9人(高级工程师1人)，专职党政管理人员6人；拥有“核工程与材料”、“光伏工程”、“能源化工”和“能效工程”等4个自主设置二级学科博士专业和“新能源科学与工程”本科专业，与材料学院共享“材料工程”专业硕士招生，与经济学院共享“能源经济学”博士点招生；举办了多个高水平的专业论坛和技术教育培训，为福建省政府提交了行业发展规划和技术路线图，发起成立了新能源产业联盟，在团队建设、技术研发、学科发展、社会服务等方面都打下了一定的基础。

第三节　扬帆启航(2014—2019)

2014年元旦，厦门大学为能源学院和木楼举行庄重、简朴的落成典礼。典礼由叶世满副校长主持，捐建人安踏体育用品公司名誉董事长丁和木先生、董事局主席兼首席执行官(CEO)丁世忠先生，厦门大学杨振斌书记、朱崇实校长等校领导，能源学院李宁院长、孙梓光书记等全院师生参加了典礼。

能源学院和木楼落成典礼

(左起：赖虹凯，丁世忠，朱崇实，丁和木，杨振斌，李建发，林东伟，邬大光，李初环)

丁世忠先生为建设能源研究院大楼现金捐资1000万元，学校以其父丁和木命名大楼为“和木楼”，以资纪念。

2014 年 1 月 17 日，通过自我推荐、全体教职工民主推选，产生能源研究院副院长和各研究所第一届负责人。能源研究院副院长：刘运权、张正泓、姚军；先进核能研究所，所长冉广，副所长张尧立、郑剑香；生物能源研究所，所长曾宪海，副所长王夺、刘健；化学能源研究所，所长李君涛，副所长龚正良；太阳能研究所，所长张风燕，副所长程其进；能效工程研究所，所长赵英汝。

2014 年 3 月，能源学院与中广核太阳能开发有限公司联合开发的我国首个太阳能建筑一体化直流微电网成功运行。微电网由大楼设计时就嵌入的 150 kW 建筑一体化光伏发电系统、30 kW 直流空调、40 kW 室外直流电动汽车充电站、20 kW 直流 LED 照明和 30 kW 阻性负载组成。为了实现稳定与连续运行，微电网还配置了直流储能单元和交流/直流备用电。微电网搭建了能源学院开展智慧能源网络、新能源应用和多能互补等方向研发的基础平台。

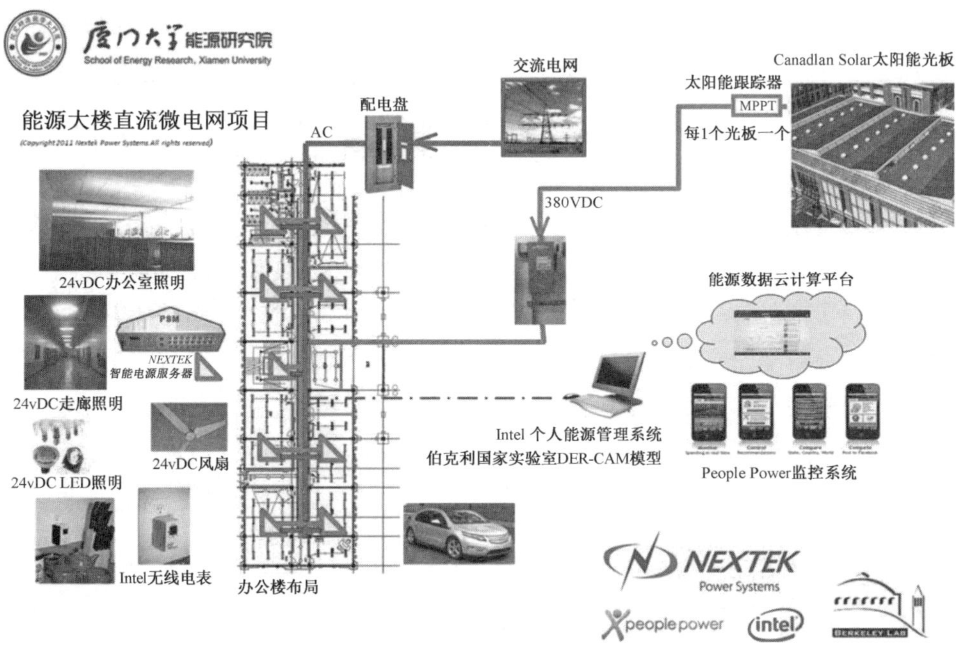

能源大楼直流微电网项目

2014 年 4 月 3 日，学院党政联席会按照学校有关规定确定了与企业签署战略合作协议的原则。学院原则上不与企业签订没有具体合作项目的框架协议或战略合作协议，确需签订的，必须保证 3 年有 60 万～80 万元合作经费到账，签订协议的首期到账款达 30 万元以上。

2014 年 5 月 29 日，李宁院长根据国家产业政策规划，结合福建省实际向省政府提交的《关于加快我省新能源汽车产业与市场发展的研究和建议》得到分管省领导的批示，成为省政府督办件，要求主管厅局落实。

2014 年 6 月 3 日，学院举办首届“本科生课外科研训练项目”启动仪式。为了培养本科生创新意识和创新能力，加强对“厚基础、宽口径、高素质、强实践”创新创业人才的培养力度，实现科学研究与人才培养的相互促进，在本科生中营造浓郁的科研学术氛围，学院要求全院教师亲身示范，指导大学生创新训练的立项申报，对本科生进行一对一的指导和服务，实现专业教师人人带科创、人人指导科创；鼓励本科生从一年级开始就进入课题组参与科研训练，要求本科生参与至少一项科技创新竞赛活动，以赛带学、课赛融合，激发学生的专业学习兴趣。

2014 年 7 月 7 日，能源学院第一届优秀大学生暑期夏令营开营，营员来自全国各高校，为期 2 周。暑期夏令营通过专家讲座、在校生座谈等形式，增进学生对能源学院各研究方向的认识和了解，吸引、选拔具有学术发展潜力的优秀本科生报考能源学院研究生。此后，暑期夏令营每年举办，为学院选拔了许多优秀研究生。

2014 年 7 月 11 日，按照学校工会的统一安排，在学院党委的领导下，能源学院部门工会成立。全院教职工大会选举产生第一届委员会组成人员：主席张正泓，副主席张尧立，委员马兆海、云大钦、汤再鸣、郑淞生、赵英汝、龚树丰。

2014 年 9 月 23 日，能源学院党政联席会决定，因只有一个本科专业，暂不设系一级机构。为加强本科教学工作，学院成立教学部，负责“新能源科学与工程”本科专业教学管理和提升工作，由林鹿副院长分管。2015 年 3 月 30 日，学院党政联席会决定，因林鹿副院长工作任务多，由缪惠芳副书记分管本科教学工作。2017 年 9 月，王兆林副院长接管本科教学工作；2019 年 6 月，郑志锋副院长接管本科教学工作。

2014 年 10 月 10 日，能源学院与福建省能源集团、厦门科华恒盛股份有限公司签订共建意向书，筹建海西能源低碳化系统技术“2011”协同创新中心。协创中心协同单位还包括中国广核集团、台湾清华大学低碳研究中心等省外高校和企业。“2011 计划”全称高等学校创新能力提升计划，旨在从重大前瞻性科学问题、行业产业共性技术问题、区域经济与社会发展的关键问题以及文化传承创新的突出问题出发，充分发挥高校多学科、多功能的综合优势，联合国内外创新力量，建立一批协同创新平台，形成“多元、融合、动态、持续”的协同创新模式与机制，培养大批拔尖创新人才，逐步成为具有国际重大影响力的学术高地、行业产业共性技术的研发基地和区域创新发展的引领阵地，在国家创新体系建设中发挥重要作用。“2011 计划”2012 年启动，2015 年终止。

2014 年 10 月 17 日，厦门大学与建瓯市政府签署共建“海西竹产业工程技术中心”协议，依托能源学院在生物质高值化综合利用方面的研发实力和技术储备，充分挖掘利用南平市、建瓯市丰富的竹产业资源，深化加工为清洁生物能源和高品质化学品，推动南平市、建瓯市竹产业拓展与升级。

2014 年 10 月 22 日，国家住房和城乡建设部副部长王宁、福建省住建厅厅长龚友群一行在厦门市副市长黄强、厦门大学党委副书记赖虹凯等陪同下考察直流微电网示范项目。王宁副部长听取项目负责人、太阳能研究所所长张风燕教授汇报后，对项目的建设运行给予了充分肯定，指出光伏建筑一体化在绿色环保、节能减排和提高能源利用率等方面应发挥巨大作用。

张风燕向王宁（右五）、龚友群（左三）、黄强（右三）、赖虹凯（左一）介绍直流微电网

2014 年 12 月 14 日，中国核学会理事长李冠兴院士、台湾核能科技协进会董事长欧阳盛敏带领第十四届海峡两岸核能学术交流研讨会代表团访问能源学院。

2014 年 12 月 29 日，在厦门大学党委书记张彦、中核集团董事长孙勤等见证下，朱崇实校长与中核集团钱智民总经理分别代表校企双方在北京签署战略合作框架协议。双方将围绕我国核电与新能源发展战略需求以及福建省新能源科技创新和新兴产业发展需求，建立长期战略合作关系，积极寻求在人才培养、科技研发、学术交流等方面的合作，推动我国核电与新能源事业的发展。至此，主要依托能源学院，厦门大学成为唯一与国内三大核电公司都签署战略合作协议的高校（2010 年 6 月，厦门大学、国家核电技术公司签订战略合作框架协议。2011 年 2 月，厦门大学、中广核集团签订战略合作框架协议，2012 年 6 月，双方签署深化合作协议），为能源学院的高起点发展打下了坚实的基础。

厦大与中核集团签署战略合作框架协议

2015 年 4 月 1 日，按照学校工会的统一部署，全院教职工大会选举产生了参加厦门大学第 14 届教代会的学院代表：缪惠芳、张尧立、曾宪海，他们是能源学院的第一批学校教代会代表。

2015 年 4 月，在能源学院的推动下，厦门大学与英国伯明翰大学（University of Birmingham）签署本科生“2+2”联合培养协议。“新能源科学与工程”本科生在能源学院学习 2 年后，成绩符合要求的可申请到伯明翰大学冶金与材料学院“核科学与材料”（Nuclear Science and Materials）专业继续学习 2 年，学分转换或互认，成绩合格者同时授予厦门大学和伯明翰大学学位。2016 年 3 位同学（方凝、吴境烨、杨琳琳）、2017 年 3 位同学（游星浪、王柏童、刘畅）、2018 年 2 位同学（苏雅楠、林雨莎）、2019 年 2 位同学（段金妍、陆凯）赴伯明翰大学继续“2＋2”学习。

2015 年 4 月 22 日，李克强总理视察厦门大学。5 月 6 日，为进一步落实李克强总理视察厦门大学时的相关指示精神，国家能源局总经济师李冶专程到厦门大学调研能源科技创新情况，李宁院长全程陪同。李冶在提交的《国家发展改革委关于厦门大学能源科技创新有关情况的报告》中高度认可能源学院和厦门大学在能源科技创新方面开展的工作、取得的成就和提出的建议，推荐将厦门大学纳入国家能源创新体系：“发挥厦门大学创新平台作用，将其纳入‘四位一体’（重大技术研究、重大技术装备、重大示范工程和技术创新平台）的国家能源科技创新体系。一是依托国家能源先进核燃料元件研发中心、国家能源生物液体燃料研发中心等创新平台，统筹科技资源，支持厦门大学相关技术的研发工作。二是协调国内核电企业与厦门大学共同推动放射性固有安全核电技术研发和应用示范。三是协调国内石油企业与厦门大学研究新一代生物柴油、酯类生物燃料的推广应用工作。”

2015 年 4 月 23 日，为落实学校《鼓励开展各类非学历继续教育活动》的文件精神，拓展科技研发的合作渠道和学院财源，助力学院教学、科研和社会服务工作，能源学院党政联席会决定成立能源学院教育培训中心，任命张正泓、马兆海为中心负责人，由中心根据需要从项目收入中聘任专职人员开展非学历继续教育工作。培训净收入全部用于设立“能源学院发展基金”、高端引进人才薪酬补贴、学生工作室改造、本科教学实验室和卫生间修缮等学院各项支出，有力地支持了学院教学、科研工作的开展。

2015 年 11 月 9 日，为提升本科教学培养质量，能源学院召开全院教职工本科教学讨论会，就本科教学工作中存在的问题以及解决方案畅所欲言，献言献策，进一步完善了教学管理与培养方案。

2015 年 11 月 16 日，以北京大学校长林建华教授为组长的教育部本科教学工作审核评估专家组对厦门大学本科教学工作进行审核评估。评估专家现场审核能源学院，“新能源科学与工程”教学工作得到了大连海事大学孙培廷副校长带队的专家组成员的一致好评。

2015 年 11 月，依托能源学院建设的“福建省核能工程技术研究中心”获科技厅授牌。中心主任为李宁，副主任为郭奇勋、冉广、郑剑香。

李宁院长回国后，多次拜访福建省副省长李川，向其介绍国内外核电技术和产业发展的现状和未来趋势，阐明福建省在全球核电产业中的区位优势和短板，厦门大学能源研究院在核电技术研发和人才培养上的布局，建议以在建和拟建的核电站为牵引，推动福建省尽快形成有竞争力的核电产业链。李川副省长指示科技厅跟进，论证在能源研究院建立核电技术科技创新平台的可行性。2009年10月16日，能源研究院申请设立的"海西核能工程技术研究中心"项目通过福建省科技厅组织的专家组评审。评审会由科技厅何静彦副厅长主持，专家组成员来自我国三大核电集团：中核集团、中广核集团和国家核电技术公司。专家组成员一致认为：海西核能中心的定位和目标明确、合理，研发方向和启动项目符合我国核能产业技术发展方向，对于服务海西经济发展，促进海西核能产业技术进步具有重要意义，成立"中心"建议可行。"核能研究中心"将以核燃料与材料为新技术的突破口，核安全与系统仿真、堆工与热工和先进核能系统等方向为发展重点，为福建、全国的核电产业发展提供支持与服务。2010年2月，海西核能工程技术中心首个建设项目——"核电数字化仪控技术研发平台信息管理系统"启动（建设经费500万元），2014年11月17日，该项目顺利通过专家组验收，项目成果得到验收专家和福建省科技厅的高度评价。

2015年11月，依托能源学院建设的"厦门市现代农业生物质高值化技术重点实验室"获厦门市科技局批准启动建设。实验室在"厦门农产品高值化与生物能源科技创新平台"基础上成立，以农产品组分深加工技术、农业废弃物组分分离技术及高值化、近海海洋生物质培育与多途径转化利用、生物质电极材料和光伏材料等领域为研究方向。实验室主任为林鹿，常务副主任为孙勇，副主任为曾宪海、刘健。

2015年12月16—18日，能源学院太阳能研究所承办第45届亚太经合组织（APEC）新能源与可再生能源技术专家小组会议。

2015年12月，陈朝教授荣获"2015年中国产学研合作促进会创新奖"。

2016年1月11日，能源学院各研究所负责人换届选举。经自荐和全院教职工投票产生研究所第二届所长和副所长：核能研究所，所长冉广，副所长郑剑香、张建；生物能源研究所，所长曾宪海，副所长刘健、王夺；化学能源研究所，所长李君涛，副所长龚正良；太阳能研究所，所长张风燕，副所长程其进；能效工程研究所，所长赵英汝，副所长谢燕楠。

2016年5月3日，学院党政联席会审议通过《能源学院"十三五"规划》，上报学校。2015 年 5 月 25 日，根据学校要求，能源学院成立《能源学院“十三五”规划》编制工作小组，启动“十三五”规划编制工作；6 月 24 日，党政联席会听取各研究所报告“十三五”规划草案，提出修改意见；10 月 23 日、24 日及 11 月 6 日，学院党政班子深入各研究所参与讨论“十三五”规划；11 月 17 日，党政联席会专题研究学院“十三五”规划；2016 年 3 月，《能源学院“十三五”规划》初稿通报全院教职工征求意见和建议。

2016 年 7 月，2013 级本科生黄菲梦同学团队 Green Dreamer 获得 2016 施耐德电气绿色能源全球创新案例挑战赛中国区冠军；当年 9 月，获得全球总决赛第四名，指导老师为赵英汝。

黄菲梦同学团队 Green Dreamer 获得 2016 施耐德电气绿色能源全球创新案例挑战赛中国区冠军

2016 年 10 月，经过一年多的工程技术突破，林鹿教授课题组自主开发的“竹生物质清洁分离制备新型生物质糖（低聚木糖）技术”1 万吨/年产业化示范项目在福建沙县获得成功。项目与福建鸿宇安生物科技有限公司合作开发，以竹等生物质为原料生产低聚木糖和微纳米纤维。林鹿教授承担过国家“973 计划”和科技支撑计划等项目，在生物质高值化利用领域具有丰厚的学术和应用研究积累。示范项目开发了成套技术，包括竹原料非水溶性氧化法预处理、竹综纤维选择性水解、产品低成本分离纯化、催化剂与热量回收利用等，实现了竹原料全组分综合利用，整个生产过程清洁环保。

2016 年 11 月 10 日，学院部门工会和教学部联合举办能源学院第一届青年教师教学技能大赛。参照学校“青年教师教学技能比赛”方案，通过以赛促练，为青年教师提供展示、学习和交流的平台，促进青年教师成长，不断提高全院教师业务水平和教学技能，提升人才培养的质量。本届比赛中，王夺摘取桂冠，吴一纯与郭奇勋分别获得第二名和第三名。为对接学校比赛时间，2017 年起，学院青年教师教学技能大赛每年 4 月或 5 月份举办，获奖教师推荐参加学校比赛。2017 年，王夺获得厦门大学第 12 届青年教师教学技能比赛理工医组二等奖；王兆林获得第 2 届翻转课堂比赛特别奖；2018 年赵英汝获得第 13 届青年教师教学技能比赛理工医组二等奖，张尧立获得第 7 届英语教学比赛二等奖；2019 年缪惠芳获得第 14 届青年教师教学技能比赛理工医组二等奖。

2016 年 12 月 16 日，中国农业工程学会组织有关专家对厦门大学能源学院与河南省科学院能源研究所共同完成的“生物质清洁水解制备低聚木糖及乙酰丙酸酯关键技术”项目进行成果鉴定。中国工程院院士、中国科学院广州能源所陈勇研究员担任鉴定委员会主任，中国工程院院士、中国林业科学研究所蒋剑春研究员担任副主任。鉴定委员会听取了林鹿教授对技术成果的汇报，并审阅了相关技术资料，经质疑与讨论，认为技术成果创新性地进行了非水溶性固体碱活性氧蒸煮分离木质素、分离浆料酶协同水解、纤维素超低酸一锅醇解法制备乙酰丙酸酯及萃取-共沸精馏、生物质基乙酰丙酸(酯)制备 γ-戊内酯非贵金属非外源氢反应体系等关键技术及工艺，形成了总体工艺装备并运行正常，产品质量稳定，技术指标先进，取得了良好的经济与社会效益，项目整体技术已达到国际先进水平，同意通过鉴定。

2016 年 12 月，“农业废弃物清洁水解制备柴油代用燃料联产化学品关键技术”获得河南省科学技术进步一等奖。厦门大学为第二完成单位，能源学院林鹿教授为第二完成人。

2017 年 3 月 28 日，科技部副部长徐南平院士调研生物能源研究所，充分肯定林鹿课题组在生物质制备燃料联产高品质化学品方面取得的成绩。

2017 年 4 月 17 日，“能源学院发展基金”设立。为支持青年教师成长、逐步凝练研发团队，学院以继续教育培训的部分结余收入设立“能源学院发展基金”，参照“厦门大学校长基金”申报、评审和过程管理办法，每年资助若干团队项目，每个项目 40 万～60 万元，过程考核，滚动支持。2017 年，有 5 个项目获得资助，2018 年，有 6 个项目获得资助。

2017 年 6 月 19 日，能源学院党政联席会听取李宁院长传达学校“双一流”建设的指导思想、方案思路和工学部决定申报“能源科学与工程学科群”的具体情况，对学院的申报工作进行了安排。“能源科学与工程学科群”以5个应用子学科、1个基础子学科和2个系统子学科为重点方向，纵横交叉、融合支撑，规划整体建成进入世界一流，并且在后续建设中进入世界一流前列。在学科群支持的8个重点方向中，能源学院牵头负责本质安全核能与生物质能两个方向，并重点参与能源政策与能效工程方向。

2017年7月，首届“新能源科学与工程”本科生毕业。据学校2017届毕业生就业报告显示，能源学院的就业满意度全校第一（就业单位、收入待遇、就业指导、就业服务等多项指标综合评价），本科生升学/就业率100%（不含3位二次考研的同学）、硕士生升学/就业率100%、博士生就业率100%。

2017年8月，“福建省生物质清洁高值化技术工程研究中心”经福建省发改委批准成立。中心由厦门大学能源学院牵头组织，化学化工学院、海洋与地球学院、环境与生态学院、生命科学学院参与建设。这是继“福建省新能源产业技术开发基地”“福建省核能工程技术研究中心”后，能源学院牵头组织的又一个省级研发平台。“生物质清洁高值化技术工程研究中心”成果丰硕，成立后历次评比都名列前茅。中心主任林鹿，常务副主任曾宪海，副主任龚正良、王夺、沈亮。

2017年11月，2015级本科生尤佳彬团队“岛屿分布式离网发电系统创新研究”项目获“阿美亚洲杯”能源环保创新大赛厦门大学总决赛社会实践组冠军，2014级本科生王威团队“建筑分布式能源系统规划评估软件的核心算法开发”项目获科技组二等奖，2016级本科生胡雪雅团队“共享计划，绿色出行——共享新能源汽车发展现状及趋势调查报告”项目和2015级本科生佟佳宁团队“氢气-SCR低温脱硝高效催化剂的设计与合成”项目分别获社会实践组和科技组三等奖。

“阿美亚洲杯”能源环保创新大赛厦门大学总决赛能源学院获奖学生合影

2017 年 12 月，经过 2 年建设期，“厦门市现代农业生物质高值化技术重点实验室”通过科技局组织的评估认定。与会专家一致认为实验室整体建设和发展已达到国内先进水平，相关成果在国际上产生了较大影响力。

2018 年 4 月 27－28 日，能源学院举办首届“厦门大学南强青年学者论坛——能源学院分论坛”。论坛汇聚学术上崭露头角、创新能力强、发展潜力大的优秀青年人才在国际前沿科技及热点研究领域展开交流与探讨，旨在增进能源学院与青年学者间的互信与合作，论坛已成为能源学院高层次人才的交流平台。

2018 年 6 月 8 日，能源学子勇夺厦门大学 2018 年研究生篮球超级联赛冠军。自能源研究院建院以来，能源人就以“小能源，大能量”的姿态活跃在学校各项文体活动之中，屡获佳绩。

能源学子勇夺厦门大学 2018 年研究生篮球超级联赛冠军

2018 年 8 月，2018 级博士生冯云超团队“易田思甜——农林废弃物提取低聚木糖”项目获第四届福建省“互联网＋”大学生创新创业大赛决赛“青年红色筑梦之旅”赛道金奖，指导老师曾宪海获福建省十佳“优秀创新创业导师”荣誉称号。

2018 年 8 月，2016 级硕士研究生吴少基团队“污泥干化-热解新工艺及设备的开发项目”获“绿色能源、创新引领”首届全国大学生可再生能源科技竞赛二等奖，指导老师刘运权。

2018 年 8 月，能源学院中英文宣传片上线。第一辑能源研究院宣传片于 2012 年 12 月编录。

2018 年 9 月，全院研究生按就近原则进入全新的工作室。为促进科研交流，给研究生提供更好的学习空间，规范课题组科研空间安全卫生管理，学院对研究生工作室进行空间调整，利用暑假期间以培训结余收入改造、装修和木楼 A(101)、B(102)和 B(105～115)，分别设置工作位 99 个、26 个和 97 个，并预留拓展空间，原各课题组散乱的研究生工作室腾空用于科研。

2018 年 10 月 19—22 日，能源学院生物能源研究所组织召开"生物质前沿厦门论坛 2018"(Xiamen Forum on Biomass Frontiers 2018，XFBF 2018)。

2018 年 11 月，2016 级研究生穆勇帅团队"广源新材——新一代核反应堆用中子吸收材料"获首届"能源·智慧·未来"全国大学生创新创业大赛二等奖，指导老师冉广。

2018 年 12 月，2017 级本科生郑陈熙团队"源梦未来——基于 STEM 教育探索的新能源知识普及志愿服务项目"获第四届中国青年志愿服务项目大赛全国银奖，指导老师孙佳、黄诗雨。

2019 年 3 月 1 日，厦门大学敦聘中国工程院院士、国家林产化学工程技术研究中心主任、中国林科院林产化学工业研究所研究员蒋剑春为厦门大学杰出访问教授。蒋院士从事农林生物质热化学转化研究工作 30 多年，创新了农林生物质热化学定向转化的基础理论与方法，突破了热化学转化制备高品质液体燃料、生物燃气与活性炭材料关键技术，构建了生物质多途径全质利用工程化技术体系，有力推动了我国农林生物质产业的快速发展。蒋院士的加盟将促进能源学院生物能源方向更好、更快地发展。

2019 年 4 月 23 日，台湾清华大学原子科学院院长李敏率队访问能源学院，双方签署院际合作协议，开展科研项目合作和人才联合培养等方面工作。7 月 6—20 日，14 名本科生赴台湾清华大学参加为期 15 天的核能专题生产实习。9 月，5 名 2018 级本科生前往台湾清华大学进行为期半年的交换学习。

2019 年 9 月 10 日，59 位新能源科学与工程本科新生入学，是专业开设以来录取学生数最多的一届，而且全部志愿录取，第一、第二志愿录取率达 73%，包括 1 名马来西亚籍学生和 1 名印度尼西亚籍学生。

2019 年 9 月 14 日，厦门大学发文成立新能源装备研究院，挂靠能源学院。新能源装备研究院将紧盯国家能源战略和国防建设急需，针对氢能、核能、生物质能、光伏能、风能、海洋能等新能源的产生、存储、输配、做功装备和当前能源动力装备的新一代升级急需(减排、节能、降噪、智能)的卡脖子难题，开展科学机理、关键技术、工程应用研究，为国民经济、国防急需提供技术与人才支撑。

2019 年 9 月，曾宪海教授主持的“藻生物质在低共熔双向体系中绿色转化为 5-氯甲基糠醛的途径与机制”项目获福建省杰出青年基金（No.2019J06005）资助。

2019 年 10 月 12—15 日，2018 级硕士生李嘉臣担任团队负责人的项目“秸秆变形记——农林废弃物提取低聚木糖的生力军”获第五届中国“互联网＋”大学生创新创业大赛全国总决赛“青年红色筑梦之旅”赛道金奖，指导教师：曾宪海。

李嘉臣团队获第五届中国“互联网＋”大学生创新创业大赛全国总决赛“青年红色筑梦之旅”赛道金奖

2019 年 10 月 16—18 日，能源学院承办“第五届应用能源：低碳城市及城市能源系统国际研讨会”（CUE2019－The 5th Applied Energy Symposium：Low Carbon Cities and Urban Energy Systems）。

2019 年 11 月 21 日，能源学院与哈尔滨工程大学动力与能源工程学院签署战略合作协议，双方将发挥各自优势，建成良好的学术和产业交流平台，在能源与动力学科领域开展全方位的合作。

2019 年 11 月，国内唯一、世界领先的“多离子束与透射电子显微镜联机设施”通过技术验收。“联机设施”由国家基金委、福建省、厦门大学和中国广核集团共同出资建设，包括一台 400 kV 离子注入机、一台 50 kV 氢氦双离子束注入器、一台 300 kV 高分辨透射电子显微镜和联机部件联机设施组成。“联机设施”

的建成填补了我国材料辐照行为研究领域的空白，将为我国核电关键材料的国产化与自主化提供重要的技术支撑。

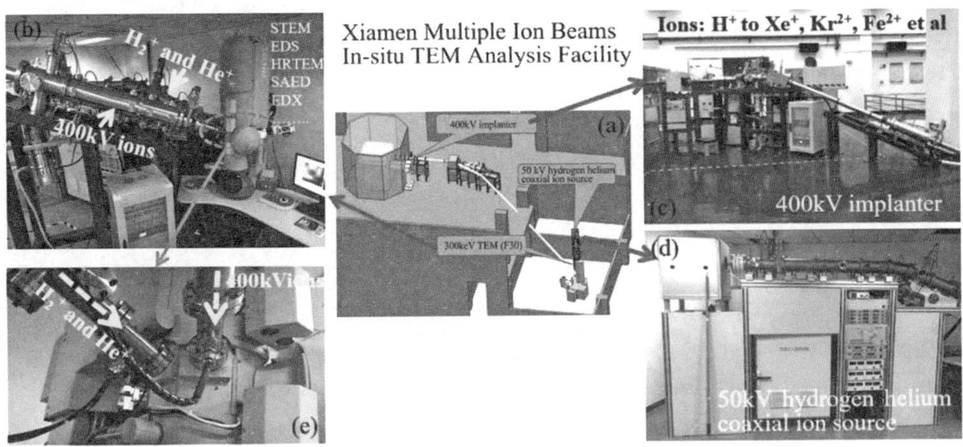

多离子束与透射电子显微镜联机设施

2019 年 12 月，“木质纤维高效分离及功能材料制备技术及应用”项目获得中国轻工业联合会技术发明一等奖，厦门大学为第二完成单位，能源学院曾宪海教授为第二完成人。

2019 年 12 月，廖秀珍经学校科技处推荐，入选《厦大巾帼好故事》一书。

2019 年 12 月，国家资助重点研发专项公布，能源学院进入承担国家级重点/重大项目的行列：在国家“可再生能源与氢能技术重点研发专项”中获批 2 个课题（林鹿主持“低碳混合醇绿色化学合成与精准分离技术”、郑志锋主持“油脂连续热化学转化制备高品质生物柴油关键技术”）和 1 个子课题（曾宪海主持“合成气定向生物合成乙醇与低耗提纯技术”），国家自然科学基金项目获批 6 项，包括联合基金重点项目 1 项（冉广主持“离子辐照下铅冷快堆用铁素体马氏体钢包壳材料的原位动态力学性能检测和失效机制研究”）。

第二章
党政管理

第一节　党政机构

2007 年 7 月 27 日，厦门大学第 19 次校长办公会议决定成立能源研究院，9 月 14 日发文成立厦门大学能源研究院。2008 年 3 月，任命田中群为能源研究院院长、龙敏南为副院长。2009 年 3 月，聘任美籍华人科学家李宁博士为能源研究院院长。

2012 年 7 月 1 日，能源研究院党总支成立，龙敏南任党总支书记，郭奇勋、缪惠芳任副书记，党总支挂靠化学化工学院党委。

2013 年 5 月 16 日，学校决定成立厦门大学能源学院，同时保留能源研究院作为学院的研究机构，成立中共厦门大学能源学院委员会。7 月 3 日任命马兆海为党委副书记，9 月 23 日任命缪惠芳为党委副书记。10 月，厦门大学发布《关于能源研究院行政领导干部改任能源学院相应职务的通知》。11 月 20 日任命孙梓光为能源学院党委书记。

第二节　历任党政领导名单及任职时间

一、党委领导班子名单及任职起止时间

党委书记

孙梓光：2013 年 11 月至今

党委副书记

马兆海：2013 年 7 月—2020 年 4 月

缪惠芳:2013 年 9 月—2018 年 3 月

孙　佳:2018 年 5 月—2019 年 5 月

罗俊峰:2020 年 4 月至今

唐拥华:2020 年 4 月至今

二、行政领导班子名单及任职起止时间

院长

田中群:2008 年 3 月—2009 年 3 月

李　宁:2009 年 3 月—2019 年 6 月

林　鹿:2019 年 7 月起主持工作副院长

副院长

龙敏南:2008 年 3 月—2013 年 9 月

林　鹿:2011 年 12 月—2019 年 7 月
2019 年 7 月起任主持工作副院长

郭奇勋:2013 年 9 月—2017 年 9 月

王兆林:2017 年 9 月—2019 年 7 月

郑志锋:2019 年 6 月至今

第三节　历届专门委员会名单

一、学位评定分委员会[①]

第一届委员会(2009 年 9 月—2011 年 6 月)

田中群(主席),李宁(副主席),龙敏南、张鸿斌、陈秉辉、林伯强、洪永强

第二届委员会(2011 年 7 月—2015 年 5 月)

李宁(主席),林鹿(副主席)、龙敏南、杨勇、张风燕、陈秉辉、林伯强

① 按姓氏笔画排序,下同。

第三届委员会(2015 年 6 月—2018 年 4 月)

李宁(主席),林鹿(副主席)、龙敏南、刘运权、杨勇、陈秉辉、姚军

第四届委员会(2018 年 5 月—2019 年 3 月)

李宁(主席),林鹿(副主席)、龙敏南、冉广、刘运权、李君涛、郑志锋

第五届委员会(2019 年 4 月—2019 年 6 月)

李宁(主席),林鹿(副主席)、王兆林、冉广、刘运权、李君涛、郑志锋

第六届委员会(2019 年 7 月至今)

林鹿(主席),郑志锋(副主席)、冉广、刘运权、李君涛、赵英汝、曾宪海

二、学术分委员会

第一届委员会(2012 年— 2019 年)

田中群(主任)、李宁(副主任)、龙敏南、刘运权、张风燕、陈秉辉、林鹿

第二届委员会(2019 年至今)

林鹿(主任)、郑志锋(副主任)、冉广、刘运权、李君涛、赵英汝、曾宪海

三、教授委员会

第一届委员会(2013 年 12 月—2016 年 2 月)

刘运权(主任)、张风燕(副主任)、陈秉辉(副主任)、龙敏南、孙世刚、杨勇、张珞平、赵金保、柯才焕、洪永强、袁友珠

学术秘书:姚军

第二届委员会(2016 年 3 月—2018 年 5 月)

陈秉辉(主任)、刘运权(副主任)、龙敏南、卢英华、孙世刚、杨勇、赵金保、柯才焕、洪永强、姚军、袁友珠

学术秘书:李君涛

第三届委员会(2018 年 6 月—2020 年 6 月)

龙敏南(主任)、陈秉辉(副主任)、卢英华、刘运权、孙世刚、杨勇、郑志锋、赵

金保、柯才焕、袁友珠、曹文志

学术秘书:李君涛

第四届委员会(2020 年 7 月至今)

孙世刚(主任)、刘运权(副主任)、李玩幽(副主任)、龙敏南、冉广、李君涛、李剑锋、赵英汝、洪文晶、曹文志、曾宪海

学术秘书:龚正良

四、聘任委员会

第一届委员会(2013 年 12 月—2018 年 11 月)

李宁(主任)、孙梓光(副主任)、马兆海、林鹿、郭奇勋、缪惠芳

第二届委员会(2018 年 12 月—2019 年 9 月)

李宁(主任)、孙梓光(副主任)、马兆海、王兆林、孙佳、李君涛、林鹿

第三届委员会(2019 年 10 月至今)

林鹿(主任)、孙梓光(副主任)、马兆海、冉广、李君涛、郑志锋、赵英汝

五、部门工会

第一届委员会(2014 年—2019 年)

张正泓(主席)、张尧立(副主席)、马兆海、云大钦、汤再鸣、郑淞生、赵英汝、龚树丰

第二届委员会(2019 年至今)

张正泓(主席)、张尧立(副主席)、甘礼惠、汤再鸣、龚正良、曾宪海、谢珊

第三章 学科发展

第一节　博士授权点、硕士授权点介绍

一、自主设置二级学科博士点

(一)自主设置二级学科博士点(理学)

能源研究院成立之初,积极争取学校领导、研究生院、招生办和物理与机电工程学院、化学化工学院的支持,龙敏南副院长带领院办工作人员撰写材料,在一级学科“物理学”下自主设置二级学科“核科学与工程”和“光伏工程”博士专业方向,在“化学”一级学科下自主设置二级学科“能源化学”博士专业方向。2009年2月,3个申报学科都获得国务院学位办备案。为了促进我校特色专业“能源经济学”的发展,能源研究院与经济学院协商一致,共同在“能源经济学”专业招生。

“能源化学”培养具有较高的外语水平和计算机应用能力,能独立从事能源化学及相关行业的教学、科研、技术开发、设计、管理等工作的复合型人才,要求具有坚实的能源化学理论基础和系统的专门知识,了解本学科现状、发展方向和国际学术研究前沿,掌握化学电源、能源化工、生物能源的一般原理、工艺装备、测试手段及评价技术,下设“化学电源”“能源化工”“生物能源”等3个研究方向。“化学电源”研究新型化学电源体及其相关电极材料和电解质材料的制备和性能,系统研究相关化学电源中电化学反应机理,重视发展具有特色的化学电源及其材料电化学研究方法,以及研究锂离子电池、燃料电池、基于薄液层氧化还原偶的新型超级电容器等电化学储能系统的设计、材料、检测与制备等技术与工艺。“能源化工”研究煤、天然气等传统化石能源洁净高效转化为低碳醇醚或碳氢化合物燃料的新型催化材料和催化剂制备技术与工艺，以低碳及化工清洁生产为目标的工程放大技术与工程，基于模型和模拟的大系统能量流、物质流优化。“生物能源”研究以生物质为原料制燃料酒精与生物基化学品的关键技术与工艺设备，生物质催化热裂解制生物油的设备与工艺技术，以及生物质转化制氢及氢发电技术、生物质气化制燃气的设备和工艺技术。

“核科学与工程”培养能胜任科研、工程设计、技术管理和教学等工作的复合型人才，要求掌握扎实的核能科学与工程方面的基础和专业知识，熟练掌握至少一门外语，具有独立的承担和组织科研工作的能力。下设“核应用材料”和“先进核电站数字化”两个方向。“核应用材料”主要从事核材料相关研究工作，包括极端环境（辐射、腐蚀、应力、高温等）下材料腐蚀、疲劳、退化等工程特性变化规律，核材料与燃料建模、寿命评估、失效分析，先进反应堆材料和放射性废物处理及处置技术等。“先进核电站数字化”主要从事先进的全数字化核电站仪器控制系统（I&C）的研究和设计工作，并开发相关的关键技术，包括核电站信息系统、核电站工程模拟机的开发、核电站数控技术、核电站人工智能和在线监测。

“光伏工程”培养光伏工程领域研究机构、高校或企业的工程技术人员和管理人员，要求掌握光伏工程及相关学科的系统理论知识和技术方法，了解本学科发展趋势、最新研究动态和行业动态，熟练运用计算机和相关先进仪器设备从事科研工作，具备承担光伏工程领域工艺设计、工程组织及技术管理工作的能力。研究光伏电池转化效率与衰减机理，开发光电转换效率高的低成本光伏电池，开发光伏电池、组件检测新技术和新设备；研究太阳能光伏工程化应用技术，开发太阳能发电成套系统和风光互补系统，开发太阳能建筑一体化、PV-LED 一体化应用技术。

2009 年 6 月 11 日，学校研究生院召集招生办、考试中心、经济学院、化学化工学院、物理与机电工程学院等单位负责人，专题讨论能源研究院研究生招生事宜。经协商，会议同意能源研究院从 2010 年起，原则上独立招收“能源经济学”“能源化学”“光伏工程”“核科学与工程”四个专业博士生、硕士生，招生指标单列。

2009 年 9 月 30 日，经厦门大学第八届学位评定委员会第四次会议审议通过，厦门大学研究生院发文成立能源研究院学位评定分委员会，田中群任主席，李宁任副主席，委员龙敏南、陈秉辉（化学化工学院）、张鸿斌（化学化工学院）、林伯强（经济学院）、洪永强（物理与机电工程学院）。学位评定分委员会成立后，能源研究院可以根据经批准的培养方案自主决定是否向学校学位评定委员会申请授予已经通过论文答辩的学生相应的学位，保证了办学的相对独立性和自主性。

2010 年 9 月，能源研究院首届研究生入学，共招收学生 33 名，其中博士生 10 名（能源经济学专业 3 名、能源化学专业 5 名、光伏工程专业 2 名），硕士生 23 名（能源化学专业 7 名、光伏工程专业 4 名、核科学与工程专业 12 名）。

（二）自主设置二级学科博士点（工学）

2011 年 11 月，根据教育部调整和重新申报二级学科自主设置专业的要求，能源研究院得到研究生院、材料学院、化学化工学院、物理与机电工程学院、管理学院和经济学院支持，撤销原有的“能源化学”、“核科学与工程”和“光伏工程”三个理学自主设置二级学科博士专业，依托 2011 年 4 月获批的“材料科学与工程”（材料学院）、“电子科学与技术”（物理与机电工程学院）、“化学工程与技术”（化学化工学院）等工学一级学科博士点，组织申报自主设置二级学科“核工程与材料”、“光伏工程”和“能源化工”工学博士专业方向，分别由郭奇勋、张风燕和林鹿牵头负责；同时以“化学工程与技术”、“材料科学与工程”、“物理学”、“应用经济学”和“管理科学与工程”五个一级学科作为支撑学科，申报自主设置二级交叉学科“能效工程”博士专业方向，由赵英汝牵头负责。2012 年 5 月，“核工程与材料”、“光伏工程”、“能源化工”和“能效工程”获得国务院学位办备案，“能效工程”为该领域全国首个博士专业。能源研究院实现了学科发展与学院定位的一致：“围绕国家可持续发展战略和国家能源科技的重大需求，通过学科交叉与融合，形成独具特色的能源科学、工程和人才培养基地。”

“核工程与材料”培养具有较高的英语水平和计算机应用能力，能独立从事核科工及相关行业的教学、科研、技术开发、设计、管理等工作的人才，要求具有核科工方向扎实的理论基础和系统的专业知识，了解本学科发展现状、发展方向和国际学术研究前沿，掌握先进核工程材料开发、核电数字化仪控等技术的原理和应用，下设“核应用材料”和“核电数字化仪控”2 个方向。“核应用材料”研究极端环境（辐照、腐蚀、应力、高温等）下材料腐蚀、疲劳、退化等结构、工程特性变化规律，核材料与燃料建模、寿命评估、失效分析，先进反应堆材料研发和放射性材料管理及处置技术等。“核电数字化仪控”方向研究先进数字化核电站仪器控制系统(I&C)的研究和设计，包括核电信息管理、核电站系统建模仿真、核电站仪控系统的验证与确认、核电站安全分析、核电站人工智能和在线监测。

“光伏工程”培养光伏工程领域研究机构、高校或企业的工程技术人员和管理人员，要求掌握光伏工程及相关学科的系统理论知识和技术方法，了解本学科发展趋势、最新研究动态和行业动态，具备熟练运用计算机和相关先进仪器设备从事科研工作，并承担光伏工程领域工艺设计、工程组织及技术管理工作的能力，下设“光伏材料”“光伏器件”“光伏技术应用”等 3 个方向。“光伏材料”方向研发低成本太阳能级多晶硅提纯技术、准单晶铸锭技术、低纯度硅片提纯技术，研发 CIGS、CZTS 纳米粒子制备技术，金属钼电极与各种透明导电膜的制备技术和各种新型太阳能电池材料技术及其表征技术。“光伏器件”方向研究光伏电池转化效率与衰减机理，开发多种光电转换效率高并且稳定的低成本光伏电池，包括冶金法提纯的硅太阳能电池的制备，用喷涂与印刷技术制备 CIGS 薄膜太阳能电池的相关技术和其他新型太阳能电池技术，开发光伏电池、组件检测新技术和新设备。“光伏技术应用”方向研究太阳能光伏工程化应用技术，开发太阳能发电成套系统和风光互补系统，开发太阳能建筑一体化、PV-LED 一体化应用技术，研究智能直流与交流微电网技术。

“能源化工”培养能够独立从事相关技术研发、工程管理、方案设计等工作的高层次专门人才，要求在能源化学领域具有扎实的理论基础和系统的专门知识，了解学科发展现状、发展方向和研究前沿，着力培养学生理论与实践相结合的能力，在对相关领域一般原理和基本工艺具有普遍认知的基础上，强化对制备工艺、测试检验、产品分析等工程实践环节的教学和实验，力争通过与企业合作建立相关的中试基地来创造条件，提升学生的实践能力和解决实际问题的水平，下设“化学电源”“能源化工”“生物能源”等 3 个方向。“化学电源”对新型化学电源体系及其相关电极材料和电解质材料的制备、表征分析和性能进行研究，重点研究方向为相关化学电源中电化学的反应机理，着力发展具有特色的化学电源及其材料电化学研究方法，重点研究锂离子电池、燃料电池及基于薄液层氧化还原偶的新型超级电容器等电化学储能系统，包括材料合成、表征分析、系统设计与制造及系统检测等。“能源化工”对煤炭、天然气等传统化石能源转化为低碳醇醚或碳氢化合物燃料等洁净高效新能源所需的新型催化材料和催化剂制备技术与工艺进行研究，进一步开发以低碳及化工清洁生产为目标的相关工程技术，开展基于模型和模拟的大系统能量流、物质流优化研究。“生物能源”方向对以生物质为原料制备燃料酒精与生物基化学品，生物质催化热裂解制生物油的设备与工艺技术，以及生物质转化制氢及氢发电技术、生物质气化制燃气的关键技术与工艺设备进行研究和工程开发。

交叉学科“能效工程”培养从事能效工程领域内的科学研究、设计开发、制造生产、运行管理、科研教学及技术经济管理等方面的宽口径、高层次、复合型人才，要求以能效技术为支撑，以建筑、工业、交通节能为导向，从经济和政策的角度以技术为核心综合研究和分析能效问题，贯穿能源规划、设计、实施和管理全过程，应掌握本专业的基础理论和系统的专业知识，在清洁能源、能源高效与循环利用、能效评估与监测等方面具有良好的专业技能和素养，具备熟练的查阅资料、整理、归纳资料所提供信息的能力，了解本学科的发展趋势、最新研究动态和行业动态；具备熟练运用计算机和相关先进仪器设备从事科研工作，并承担该领域工艺设计、工程组织及技术管理工作的能力；具有较强的外语能力，能熟练地运用一种主要外语阅读本学科的文献资料并撰写专业论文，具有较好的听说能力，具备进行国际学术交流所需的水平；具有严谨求实的科学态度和作风，以及独立从事创造性科学研究的能力。研究方向强调能源利用与节能增效的一体化，以工业、交通、建筑、能源、环境、经济等领域中的各种复杂系统为主要研究对象，从节能技术、系统工程、仿真模拟、项目管理等多个方面系统地研究能源系统的效率，以优化为主要目的，采用定量分析为主、定性定量相结合的综合集成方法，系统讲授与能源综合利用、生态环境综合保护密切相关的科学、技术、工程、政策与经济知识。

2012 年 5 月，“核工程与材料”、“光伏工程”、“能源化工”和“能效工程”博士专业获得国务院学位办备案，其中“能效工程”是该领域全国首个博士专业方向。

2012 年 10 月 11 日，能源研究院院务会同意萨本栋微米纳米科学技术研究院共享光伏工程和能源化工专业招生。

2013 年 9 月，能源学院首届 40 名工学研究生入学，其中博士 12 名(核工程与材料专业 2 名、光伏工程专业 2 名、能源化工专业 5 名、能源经济学专业 3 名)，硕士 28 名(核工程与材料专业 5 名、光伏工程专业 4 名、能源化工专业 9 名、能效工程专业 2 名、材料工程专业硕士 8 名)。

二、材料工程专业硕士

2012年5月,《材料工程专业招生协议书》签订,材料学院同意能源研究院共享"材料工程"全日制双证工程硕士招生。研究生院自2013年起,每年单列能源学院"材料工程"专业硕士指标,能源研究院(学院)从此突破了学术型硕士招生指标限制的瓶颈。2013年9月,8名材料工程专业硕士入学。2019年9月,24名材料工程专业硕士入学。

"材料工程"以满足国家战略性新兴产业发展需求为宗旨,着重培养具备坚实的材料、物理、化学、电子、机械等学科基础,在能源材料工程、能源器件设计与制造工艺、能源系统与工程等方面能够独立从事工程设计、工程研究、组织管理和施工工作的高层次应用型专门人才。要求熟悉该领域的现状和发展趋势,树立实事求是和勇于创新的科学精神,掌握一门外语并能熟练进行本领域的国内外科技资料与文献的查阅,掌握该领域的基础理论和专业知识,掌握解决该领域工程问题的先进技术手段和方法,具备独立承担能源材料工程等领域的专业技术开发和工程管理的工作能力。"能源材料"研究新能源及相关领域所涉及的材料科学与工程问题,包括核工程材料、生物化工材料、太阳能材料、化学电源材料等能源材料的研发、制备工艺过程设计、设备设计以及技术优化、中试与转化等。

第二节　研发平台

一、福建省核能工程技术研究中心

福建省核能工程技术研究中心于2015年12月经福建省科技厅批准成立,主要依托厦门大学能源学院建设。首任中心主任为李宁教授,现任中心主任为冉广教授。

中心主要研究领域包括:(1)核材料辐照行为,核材料与燃料设计与研发,乏燃料处置等;(2)开发制造型模块化小微堆、先进核电仪控系统研究、核能系统安全分析与仿真、先进热工系统研发等;(3)超临界二氧化碳布雷顿循环为代表的高效能量转换系统工程化开发及应用,开发先进动力系统集成技术、控制技术以及新型动力循环工质的制备技术。中心现拥有目前“国内唯一、世界领先”的多离子束与透射电子显微镜联机设施,研究经费超过3500万元,包括国家自然科学基金(重大科研仪器、联合重点、面上、联合培育、青年)和装备预研基金等。中心已与我国三大核电集团和美国密歇根大学、麻省理工学院等世界一流高校(研究机构)建立了深度广泛的科学技术研究与学生培养合作,实现了高校一科研院所一企业的产学研策略在福建的落实。

二、福建省生物质清洁高值化技术工程研究中心

福建省生物质清洁高值化技术工程研究中心于2017年8月经福建省发改委批准成立,由能源学院牵头组织,化学化工学院、海洋与地球学院、环境与生态学院、生命科学学院参与建设。中心成立以来,2017—2018年连续两年在福建省发改委的评审中获得“优秀”,2018年在全省所有依托高校建设的工程研究中心(工程实验室)中排名第一。现任中心主任为能源学院林鹿教授,技术委员会主任为中国工程院院士陈勇研究员。

科技部副部长徐南平院士调研生物能源

中心围绕生物质高值化的应用基础研究、中试应用与放大研究、产业化示范研究的完整产业技术体系，开发一系列具有应用前景的生物质能源、材料及化学品。中心现拥有设计先进的工程放大研究厂房及实验室总面积超过3000平方米，高值研究与试验仪器设备近50台/套，原值总计超4000万元。专职研究人员53人，高、中级职称人员占比80%以上。

三、福建省新能源产业技术开发基地

福建省新能源产业技术开发基地成立于2007年，由福建省工信厅主管，科技厅、教育厅、财政厅共同负责。基地依托厦门大学能源学院建设，旨在推动福建省新能源产业的技术进步，提升企业技术创新能力，加快新能源产业的发展，改善能源结构，促进经济的可持续增长。经过多年的建设，基地已在核能与核安全技术、绿色生物炼制技术、多晶硅提炼技术、直流微电网技术、能效工程、锂离子电池正负极材料等方向达到国内先进水平，为福建宁德核电、厦钨新能源材料、宁德时代新能源、清源科技、国网福建电力科学研究院等福建省新能源企业提供技术支持和服务，为福建省科技厅、工信厅、教育厅等部门提供决策咨询服务，参与制订行业标准。

四、厦门市生物质清洁高值化利用重点实验室

厦门市生物质高值化利用重点实验室于2015年经厦门市科技局立项建设，2017年通过认定，在2017年、2019年评估中获评“优秀”。现任实验室主任为能源学院林鹿教授，学术委员会主任为中国工程院院士陈勇研究员。

实验室已经发展成熟，拥有了雄厚的科学研究实力和行业影响力，围绕陆海生物质高值化利用过程开展基础及应用基础研究，形成了以农林生物质、海洋生物质为基础的生物质能源、材料和化学品的技术开发和技术服务研究平台。

五、多离子束原位分析实验室

多离子束原位分析实验室跨能源学院工程房一、二楼，面积1000多平方米，拥有目前国内唯一在运、世界先进的多离子束与透射电子显微镜联机设施。联机设施由国家、福建省、厦门大学和中国广核集团多方共同出资建设，包括一台400 kV离子注入机、一台50 kV氢、氦双离子束注入器、一台300 kV高分辨透射电子显微镜和联机部件，总造价约2800万元。离子注入机由美国NEC公司生产，透射电镜从美国赛默飞公司所属捷克公司进口，氢氦同轴离子源和联机部件获得国家基金委重大仪器专项资金资助，由能源学院联合中国原子能院共同研制。联机设施能够进行重离子束、单He^+束、单H_2^+（H+）束、重离子＋He^+束、重离子＋H_2^+束、He^+＋H_2^+束、重离子＋He^+＋H_2^+混合束等7种束流辐照样品，在TEM中能够进行辐照材料的微观结构的明暗场、HRTEM、STEM、EDS线/点/面、SAED等的表征与分析，并配备了拉伸台、热台、双倾台、带法拉第筒样品台、低背景样品台、单倾样品台等各种测试平台，实现了辐照场（位移损伤与氢氦协同）、热场、力场等的多场耦合效应。

多离子束原位分析实验室

核材料的综合性能决定着核反应堆能否长期安全运行，也是新堆开发与示范（如聚变堆、四代堆）的技术瓶颈和关键突破口。核材料的性质变化和失效模式是辐照、应力、温度、腐蚀等多场耦合的作用，其特殊性体现在辐照效应，难以在非辐照环境中再现。多离子束与透射电子显微镜联机设施可以在采用离子束辐照样品产生高剂量位移损伤的同时，对材料中的微观结构和成分变化进行实时原位的观察与分析，因而能揭示辐照过程中点缺陷产生、迁移、凝聚等动力学过程以及在纳米尺度上材料各种结构变化的临界辐照剂量，获得大量具有高空间和时间分辨率的实验数据，配合计算机模拟验证或建立辐照效应的动力学模型，为开发新型抗辐照材料提供科学依据。由于反应堆材料中嬗变产物（主要是氢和氦）与中子所致的位移损伤往往按特定比例同时产生，单离子束辐照不能观察到氢、氦形成与位移损伤的协同作用，因此世界核材料研究强国都在兴建能同时模拟位移损伤和氢、氦协同作用的三离子束辐照装置，但多离子束与透射电镜联机受到电镜极靴空间和电磁场的限制，困难很大。

多离子束原位分析实验室将为我国核电关键材料的自主化与国产化、新型核材料开发、核技术应用等提供支撑与推力，助力我国核电产业的发展。设施也可广泛应用于空间飞行器表面材料研制、离子束材料改性、半导体器件材料的研发，离子束纳米结构合成、核医学、放射性医学的研究，能源领域催化剂研发，高能粒子与物质相互作用的计算机模型验证等领域。

第三节　对外合作交流

能源学院（研究院）成立以来，秉持“发展能源技术、共同改变世界”的愿景，立足于新学院、新兴交叉学科，国际化办学，广泛开展国际合作交流。持续引进海内外高层次人才，派出骨干教师到境外高校（研究机构）进修、访学、短期交流、参加国际会议，以讲座教授、客座教授、科技顾问等多种柔性方式引进境外高水平人才参与技术研发和学生培养，举办或承办高水平国际会议（论坛），建设国际化科研、教学团队，学院所有专任教师都具有一年以上海外学习（访学）的经历。以联合培养、“2＋2”、交换生、海外实习实践、国际竞赛、国际会议、国际暑期夏令营等多元化体系培养具有国际视野的实践创新型人才。学院招收境外学生就读“新能源科学与工程”本科专业、博士后从事科技研发，并与海外专家学者频繁交流。2010 年起，每年举办国际学生暑期夏令营，接纳美国密歇根大学、英国伯明翰大学、利兹大学等学校的学生。

2015 年 4 月，在能源学院的推动下，厦门大学与英国伯明翰大学签署本科生“2+2”联合培养协议,“新能源科学与工程”专业本科生在能源学院学习专业2年后,成绩符合要求的可申请到伯明翰大学冶金与材料学院“核科学与材料”专业继续学习2年,学分转换或互认,成绩合格者同时授予厦门大学和伯明翰大学学位。2019年4月,台湾清华大学原子科学院院长李敏率队访问能源学院,双方签署院际合作协议,开展科研项目合作和人才联合培养等方面工作。

2015年,鉴于优异的国际化办学实践和成效,能源学院被列入福建省教育厅“国际化专业综合改革试点计划”。

一、教职工出境访学研修

历年出境学习教职工名单见表3-1。

表3-1 历年出境学习教职工名单

姓名	培训/研修单位	年份	出国时长(月)
冉　广	美国密歇根大学	2010	15
缪惠芳	美国俄亥俄州立大学	2011	6
张　建	美国洛斯阿拉莫斯国家实验室	2013	12
孙　勇	美国纽约州立大学	2014	12
云大钦	英国伦敦大学	2015	12
吴一纯	美国佐治亚州立大学	2015	12
张尧立	美国麻省理工学院	2016	12
张　鹏	美国康奈尔大学	2017	12
张正泓	美国特拉华大学	2013	1
马兆海	美国特拉华大学	2014	1
陆雪英	英国纽卡斯尔大学	2017	1
龚树丰	英国纽卡斯尔大学	2017	1
廖秀珍	英国纽卡斯尔大学	2019	0.5

二、学生境外学习

(一)英国伯明翰大学“2+2”学习(表 3-2)

表 3-2 英国伯明翰大学“2+2”学习学生名单

学号	姓名	年级	起时间止时间
32420142202176	杨琳琳	2014	2016 年 9 月—2018 年 7 月
32420142202134	方 凝	2014	2016 年 9 月—2018 年 7 月
32420142202171	吴境烨	2014	2016 年 9 月—2018 年 7 月
32420152202507	刘 畅	2015	2017 年 9 月—2019 年 7 月
32420152202519	王柏童	2015	2017 年 9 月—2019 年 7 月
32420152202533	游星浪	2015	2017 年 9 月—2019 年 7 月
32420162202570	林雨莎	2016	2018 年 9 月—2020 年 7 月
32420162202582	苏雅楠	2016	2018 年 9 月—2020 年 7 月
32420172202843	段金妍	2017	2019 年 9 月—
32420172202862	陆 凯	2017	2019 年 9 月—

伯明翰大学始建于 1825 年,位于英国第二大城市伯明翰,是英国顶尖学府,世界百强大学,著名的六所红砖大学之一。

(二)台湾清华大学学习

2019 年 7 月 6—20 日,14 名本科生赴台湾清华大学参加为期 15 天的核能专题生产实习。

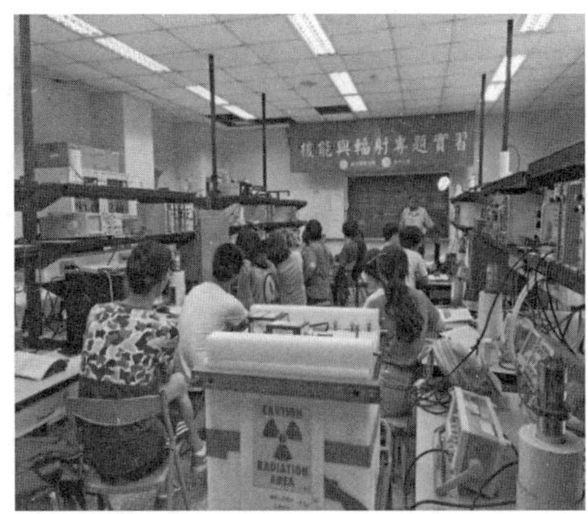

组织学生赴台湾清华大学参加为期 15 天的核能专题生产实习

2019 年 9 月，吴子欣、刘侑鑫、梁银烜、温芳梅和付林涛 5 名 2018 级本科生前往台湾清华大学进行为期半年的交换学习。

2019 年，组织学生前往台湾清华大学进行为期半年的交换学习

（三）公派出境学习（表 3-3）

表 3-3　历年研究生公派出境学习人员名单

年份	人数和名单
2012 年	3 名（联培王旭、黄子敬，攻博李东江）
2013 年	1 名（联培张飞飞）

续表

2014 年	4 名(联培唐兴,攻博张倩、徐常登、吴洁洁)
2015 年	2 名(联培郑将辉、黄瑄)
2016 年	5 名(联培李铮、尹祖伟、赵文高,攻博邓亚平、王彦钧)
2017 年	5 名(联培汪雨露、黄锦锋、雷鹏辉,攻博吴红丽、巫展宇)
2018 年	6 名(联培景锐、叶超、李扬,攻博陆艳秋、周雅清、边博深)
2019 年	2 名(联培邓丽、攻博张伊扬)

三、国际学生暑期夏令营

2010 年 5 月 13—25 日,能源学院举办第一届国际学生暑期夏令营,为来自美国密歇根大学学生开设的“中国文化课”和“清洁能源科学与工程”2 门共 6 学分全英文课程为派出学校承认。2013 年,英国利兹大学学生加入第三届国际学生暑期夏令营,2014 年,英国伯明翰大学学生加入第四届国际学生暑期夏令营。此后,每年举办的国际学生暑期夏令营学生主要来自美国、英国名校。夏令营期间,学院、学校师生与海外师生面对面接触,相互交流学习。

2018 年,张荣校长与营员合影

2014 年,营员在能源学院大楼合影

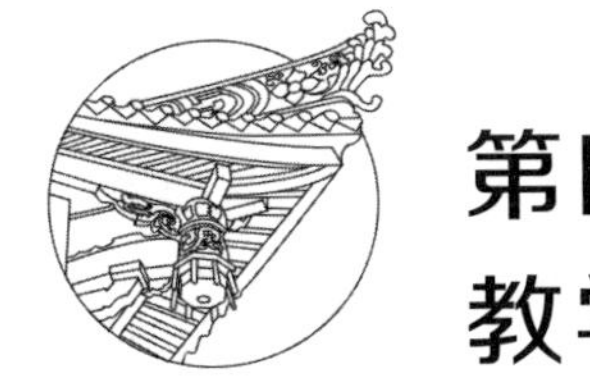

第四章
教学成果

第一节　专业设置

为服务国家发展新能源战略性新兴产业的需求，2010 年教育部开设“新能源科学与工程”本科专业。2012 年 4 月，能源研究院院务会决定申报“新能源科学与工程”本科专业，由院领导牵头，郭奇勋、李君涛、刘健、王夺、孙勇、云大钦、郑淞生、赵英汝和黄光晓负责申报材料撰写。申报材料反复征求校内外专家意见，9 月在学校新增本科专业的论证答辩会上，获得推荐排名第二。2013 年 4 月，“新能源科学与工程”本科专业经教育部公示并备案，作为特色专业列入厦门大学 2013 年度招生计划。2013 年 9 月，首届“新能源科学与工程”本科专业 54 名学生入学。

能源学院坚持以本为本，致力于将“新能源科学与工程”打造成一流特色专业。2013 年 4 月 10 日，能源研究院院务会决定成立教学部，负责研究生和本科生教学工作：主任林鹿，副主任缪慧芳，成员冉广、刘健、郑淞生、赵英汝、黄光晓、龚正良，秘书陆雪英。9 月 23 日，能源学院党政联席会决定，因只有一个本科专业，暂不设系一级机构，学院以教学部负责“新能源科学与工程”本科专业教学管理和提升工作，由学院领导兼任教学部主任；为加强本科教学工作，按学校要求设立教学指导委员会和教学监督委员会。10 月 23 日，教学指导委员会成立：主任林鹿，成员李宁、龙敏南、张风燕、刘运权、李君涛、赵英汝、冉广，秘书曾宪海；教学监督委员会成立：主任孙梓光，成员李宁、林鹿、马兆海、郭奇勋、缪惠芳，秘书陆雪英、张灵；调整教学部人员：主任林鹿，副主任马兆海、缪惠芳，成员曹留烜、赵英汝、郑淞生、刘健、龚正良、曾宪海、张尧立、陆雪英，秘书张灵。2015 年 3 月 30 日，学院党政联席会决定，因林鹿工作任务多，由缪惠芳分管本科教学工作。4 月 23 日调整教学部成员：主任缪惠芳，副主任马兆海、刘健，成员郑淞生、龚正良、赵英汝、张尧立、曹留烜、曾宪海、林志彬、胡晓慧、陆雪英，秘书张灵。2017 年 9 月，王兆林任副院长，分管本科教学工作。2019 年 7 月，郑志锋任副院长，分管本科教学工作，9 月调整教学部成员：主任郑志锋，成员刘健、刘运权、张尧立、张建、林志彬、郑淞生、赵英汝、龚正良、曾宪海、缪惠芳。

2015 年 11 月 16 日，以北京大学校长林建华教授为组长的教育部本科教学工作审核评估专家组对厦门大学本科教学工作进行审核评估。本科教学评估专家现场考核，能源学院"新能源科学与工程"本科教学工作得到了大连海事大学孙培廷副校长带队的专家组成员的一致好评。2016 年 11 月，"新能源科学与工程"本科专业再次以优异成绩通过学校的评估检查。2016 年，"新能源科学与工程"获得福建省教育厅"高等学校服务产业特色专业"立项建设。2018 年，能源学院本科教学获得厦门大学年度进步最快奖荣誉。

能源学院新能源科学与工程专业实验实践教学体系较为完备，现已拥有能源材料实验室、能源过程实验室、能源检测与分析实验室、能源虚拟仿真实验室和本科大型仪器设备检测平台，教学仪器设备共 400 多台套，总价值 700 多万元，实验室面积达 1300 平方米。"厦门大学能源学科虚拟仿真实验教学中心"开设"核电站原理模拟机运行与开发系列实验""新型燃料的燃烧过程系列建模与仿真实验"等教学项目，因特色鲜明且具有示范作用的实验教学和培养模式，在 2017 年成为"福建省新能源综合创新实验教学示范中心"。同年，"厦门大学新能源综合应用工程师训练营（本科生创新实践平台）"获批，通过科研创新训练项目，培养学生创新思维、动手能力、科学素养及工程应用能力，形成符合能源技术研发、具有交叉学科和工程类学科特点的培养教育模式。

能源学院从能源研究院起步，已初步建立贯通本科、硕士、博士的培养体系，覆盖新能源研究的大多数领域，学科发展道路完全符合了学校的定位："围绕国家可持续发展战略和国家能源科技的重大需求，通过学科交叉与融合，形成独具特色的能源科学、工程和人才培养基地。"

第二节　课程体系

专业名称:新能源科学与工程。
学　　制:四年。
授予学位:工学学士。

一、2013—2014 级课程体系

2013—2014 级课程体系见表 4-1,要求毕业学分不少于 149 学分。

表 4-1　2013 级—2014 级课程体系

课程类别	必修/选修合计			
	必修		选修	总学分
	门数	学分	学分	
公共基本课程	12	31	0	31
通识教育课程	3	4	10	14
学科通修课程	22	66	0	66
专业方向课程	7	19	6	25
其他教学环节	3	11	2	13
合计	47	131	18	149

第一、第二学年主修公共基本课程、通识教育课程和学科通修课程,从第三学年开始进入专业课程学习。

公共基本课程:必修 31 学分。

通识教育课程:必修 4 学分,其中开设“能源学科新生研讨课”,1 学分。全校性选修课程选修 10 学分,要求学生在人文、自然以及社会科学等领域修读跨学科基本课程。

学科通修课程:必修 66 学分。

专业方向课程:分必修模块和选修模块两个模块,必修 19 学分,选修 6 学

分。大三专业课程分核能方向选修模块、生物能源方向选修模块、化学能源方向选修模块、太阳能方向选修模块等四大模块。

其他教学环节：必修 11 学分，选修 2 学分，包括军事训练、创新创业训练、社会实践、实习和毕业论文。创新创业训练内容包括创新实验、创业训练以及创业实践项目等，项目经结题验收后，可获得学分。社会实践是指除第四学年实习外，利用假期或课外时间参加的活动，包括社会调查、生产劳动、志愿服务、公益活动、科技发明和勤工助学等，创新创业训练与社会实践均属选修课，最多可获得 2 个学分。每个学生在学期间参加社会实践活动的时间累计应不少于 4 周，至少参加一次社会调查，撰写一篇调查报告，社会实践通过考核合格后，可获得学分。

具体课程安排见表 4-2。

表 4-2　2013—2014 级课程安排

公共基本课程：最低必修学分数：31，最低选修学分数：0

课程号	课程名称	修读形式	学分	学时	周学时	授课学时	实验学时	上机学时	其他学时	开课学年	开课学期	备注
ENGL 1001.02	大学英语(一)	必修	2	64	4	32	0	0	32	1	一	
PHYS 1213.04	大学体育	必修	4	128	2	128	0	0	0	1	一	
IDPE 1050.03	思想道德修养与法律基础	必修	3	48	3	32	0	0	16	1	一	
ENGL 1002.02	大学英语(二)	必修	2	64	4	32	0	0	32	1	二	
CSCI 1004.01	计算机应用基础	必修	1	32	2	16	16	0	0	1	二	
IDPE 1048.02	中国近现代史纲要	必修	2	32	2	32	0	0	0	1	二	
ENGL 1003.02	大学英语(三)	必修	2	64	4	32	0	0	32	2	一	
CSCI 2003.02	C 程序设计基础	必修	2	48	3	32	0	16	0	2	一	
ENGL 1011.02	大学英语(四)	必修	2	64	4	32	0	0	32	2	二	
MIED 2000.02	军事理论	必修	2	32	2	32	0	0	0	2	二	

续表

IDPE 2049.06	毛泽东思想和中国特色社会主义理论	必修	6	96	6	64	0	0	32	2	二	
IDPE 3051.03	马克思主义基本原理概论	必修	3	48	3	32	0	0	16	3	一	
OSA 1003.02	形势与政策	选修	2	32	2	32	0	0	16	1	一	
IDPE 1059.02	当代世界经济与政治	选修	2	32	2	32	0	0	16	1	一	
小计			35	784								

通识教育课程：最低必修学分数：4，最低选修学分数：10

课程号	课程名称	修读形式	学分	学时	周学时	授课学时	实验学时	上机学时	其他学时	开课学年	开课学期	备注
CHIN 1085.02	大学语文	必修	2	32	2	32	0	0	0	1	一	
ENER 1006.01	能源学科新生研讨课	必修	1	18	2	18	0	0	0	1	一	
	跨学科基本课程	选修	10	160	2	160	0	0	0	1	二	
SOSA 3076.01	大学生心理健康	必修	1	32	2	16	16	0	0	1	二	
小计			14	242								

学科通修课程：最低必修学分数：66，最低选修学分数：0

课程号	课程名称	修读形式	学分	学时	周学时	授课学时	实验学时	上机学时	其他学时	开课学年	开课学期	备注
MATH 1022.05	一元微积分(A类)	必修	5	96	6	96	0	0	0	1	一	
CHEM 1075.03	无机化学 B	必修	3	48	3	48	0	0	0	1	一	
MATH 2010.03	线性代数(A)	必修	3	64	4	64	0	0	0	1	二	
MATH 1002.06	多元微积分(A类)	必修	6	96	6	96	0	0	0	1	二	
PHYC 1071.03	大学物理 B(上)	必修	3	48	3	48	0	0	0	1	二	
PHYC 1132.02	大学物理实验	必修	2	64	4	0	64	0	0	1	二	

续表

CHEM 1078.02	无机及分析化学实验 B	必修	2	72	6	0	72	0	0	1	二	
ENVS 1016.02	分析化学 B	必修	2	32	2	32	0	0	0	1	二	
MATH 2012.03	概率统计(A)	必修	3	64	4	64	0	0	0	2	一	
PHYC 2089.04	大学物理 B(下)	必修	4	64	4	64	0	0	0	2	一	
CHEM 2076.03	有机化学 B	必修	3	48	3	48	0	0	0	2	一	
ENER 2011.03	工程数学	必修	3	48	3	48	0	0	0	2	一	
CHEM 2079.02	有机化学实验 B	必修	2	60	6	0	60	0	0	2	二	
ENER 2016.03	太阳能光伏发电应用技术	必修	3	48	3	48	0	0	0	2	二	
ENER 2013.03	核能与核技术概论	必修	3	48	3	48	0	0	0	2	二	
ENER 2014.03	生物质能工程	必修	3	48	3	48	0	0	0	2	二	
ENER 2015.03	能源化学	必修	3	48	3	48	0	0	0	2	二	
ENER 3017.03	工程流体力学	必修	3	48	3	48	0	0	0	3	一	
ENER 3018.03	材料科学基础	必修	3	48	3	48	0	0	0	3	一	
ENER 3019.03	工程热力学	必修	3	48	3	48	0	0	0	3	二	
ENER 3021.02	项目管理	必修	2	32	2	32	0	0	0	3	二	
ENER 3020.02	技术经济学	必修	2	32	2	32	0	0	0	3	二	
小计			66	1204								

学科或专业方向课程:最低必修学分数:19,最低选修学分数:6

课程号	课程名称	修读形式	学分	学时	周学时	授课学时	实验学时	上机学时	其他学时	开课学年	开课学期	备注
ENER 1052.01	城市能源系统	选修	1	20	4	20	0	0	0	1	三	
ENER 1053.01	能源管理体系	选修	1	20	4	20	0	0	0	1	三	
ENER 1054.01	能源政策理论与实践	选修	1	20	4	20	0	0	0	1	三	
ENER 1046.01	工程制图与 AutoCAD	选修	1	20	4	0	20	0	0	1	三	

续表

ENER 1049.01	生物质结构化学	选修	1	20	4	20	0	0	0	1	三	
ENER 1047.02	电路基础	选修	2	30	6	0	30	0	0	1	三	
ENER 1055.01	建筑节能	选修	1	20	4	20	0	0	0	2	三	
ENER 2057.02	材料腐蚀与防护	选修	2	30	6	30	0	0	0	2	三	
ENER 2051.06	新能源创新实验	选修	6	90	18	0	90	0	0	2	三	
ENER 2089.01	单片机原理与应用	选修	1	20	4	20	0	0	0	2	三	
ENER 2056.01	交通能源与新能源汽车	选修	1	20	4	20	0	0	0	3	三	
ENER 3040.03	半导体物理学	选修	3	48	3	48	0	0	0	3	一	
ENER 3023.02	电工与电子技术	必修	2	32	2	32	0	0	0	3	一	
ENER 3030.02	物理化学(上)	必修	2	32	2	32	0	0	0	3	一	
ENER 3091.03	原子物理学	选修	3	48	3	48	0	0	0	3	一	
ENER 3031.02	化工原理(上)	选修	2	32	2	32	0	0	0	3	一	
ENER 3022.03	传热与流体数值计算	必修	3	48	3	48	0	0	0	3	一	
ENER 3032.02	物理化学(下)	必修	2	32	2	32	0	0	0	3	二	
ENER 3041.02	多物理场建模与仿真	选修	2	32	2	16	16	0	0	3	二	
ENER 3043.02	太阳能电池材料与器件	选修	2	32	2	32	0	0	0	3	二	
ENER 3071.03	能源生物工程概论	选修	3	48	3	48	0	0	0	3	二	
ENER 3072.03	生物质发电与化学品	选修	3	48	3	48	0	0	0	3	二	
ENER 3069.02	核探测与防护应用	必修	2	32	2	32	0	0	0	3	二	
ENER 3070.02	反应堆工程	选修	2	48	3	48	0	0	0	3	二	
ENER 4012.02	核反应堆安全分析	选修	2	32	2	32	0	0	0	3	二	
ENER 4036.02	化工原理(下)	选修	2	32	2	32	0	0	0	3	二	
ENER 4044.02	太阳能光伏发电系统	选修	2	32	2	28	4	0	0	4	一	
ENER 4073.02	核电厂仪表与控制基础	选修	2	32	2	32	0	0	0	4	二	

续表

ENER 3092.04	新能源系统技术与实践(上)	必修	4	128	8	0	128	0	0	3	二	
ENER 4093.04	新能源系统技术与实践(下)	必修	4	128	8	0	128	0	0	4	一	
小计			66	1206								

其他教学环节:最低必修学分数:11,最低选修学分数:2

课程号	课程名称	修读形式	学分	学时	周学时	授课学时	实验学时	上机学时	其他学时	开课学年	开课学期	备注
MIED 1001.03	军事训练	必修	3	112	56	112	0	0	0	1	一	
ENER 3081.02	创新创业训练	选修	2	80	20	0	0	0	80	3	三	
ENER 3082.02	社会实践	选修	2	80	20	0	0	0	80	3	三	
ENER 3009.02	生产实习 2	必修	2	80	40	0	0	0	80	3	三	
ENER 4010.06	毕业论文	必修	6	240	20		0	0	240	4	二	
小计			15	592								

二、2015 级课程体系

2015 级课程体系见表 4-3,要求毕业学分不少于 149 学分。

表 4-3　2015 级课程体系

课程类别	必修/选修合计			
	必修		选修	总学分
	门数	学分	学分	
公共基本课程	12	31	0	31
通识教育课程	3	4	10	14

续表

课程类别	必修/选修合计			
	必修		选修	总学分
	门数	学分	学分	
学科通修课程	22	66	0	66
专业方向课程	7	19	6	25
其他教学环节	3	11	2	13
合计	47	131	18	149

修订说明:根据学校关于修订教学计划的总体原则,即“优化课程结构、强化实践创新能力、突出个性培养、均衡课程安排、规范课程管理”,按照能源学科的专业性质特点,对大三学年专业课程的设置上做了小范围的调整。

坚持“宽口径、厚基础、多样化”的人才培养模式,兼顾“学术研究型”和“应用复合型”不同培养方向设计更加多样、灵活和开放的课程模块系列。原来的大三专业课程分核能方向选修模块、生物能源方向选修模块、化学能源方向选修模块、太阳能方向选修模块这四大模块,现改为专业必修模块和选修模块两大模块。其中,专业必修 19 个学分,且学生可根据自己兴趣和意愿选修多方向的专业课程,更加有利于学生专业综合知识的学习以及核心竞争力的培养。

本教学计划从 2015 学年开始全面实施。新生入学后先修公共基本课程、通识教育课程以及学科类通修课程,从第三学年开始进入专业课程学习。

公共基本课程:必修 31 学分。

通识教育课程:14 学分。必修 3 门课程 4 学分,其中开设“能源学科新生研讨课”,1 学分;全校性选修课程选修 10 学分,要求学生在人文、自然以及社会科学等领域修读跨学科基本课程。

学科通修课程:必修 66 学分。

专业方向课程:必修 19 学分,选修 6 学分。专业课程分两个模块,必修模块和选修模块。在第一、二学年的第三学期(短学期)中主要安排选修课(短学期课程),每个短学期至少选修 2 学分,累计至少修满 6 学分;从第三学年起,短学期课程主要为研究实践或社会实习,学生在教师指导下,自主选择进入核能、生物能源、化学能源、太阳能和能效工程方向的课题组进行学习性研究实验,或者进入相关领域的企事业单位开展短期实习。

其他教学环节:必修 17 学分,选修 2 学分,包括军事训练、创新创业训练、社会实践、实习和毕业论文。创新创业训练内容包括创新实验、创业训练以及创业实践项目等,项目经结题验收后,可获得学分。社会实践是指除第四学年实习外,利用假期或课外时间参加的活动,包括社会调查、生产劳动、志愿服务、公益活动、科技发明和勤工助学等,创新创业训练与社会实践均属选修课,最多可获得 2 个学分。每个本科生在学期间参加社会实践活动的时间累计应不少于 4 周,每个学生在学期间要至少参加一次社会调查,撰写一篇调查报告。社会实践通过考核合格后,可获得学分。综合实验从核能、生物能源、化学能源、太阳能和能效工程中选择一项,完成实验报告。

具体课程安排见表 4-4。

表 4-4　2015 级课程安排

公共基本课程:最低必修学分数:31,最低选修学分数:0

课程号	课程名称	修读形式	学分	学时	周学时	授课学时	实验学时	上机学时	其他学时	开课学年	开课学期	备注
ENGL 1001.02	大学英语(一)	必修	2	64	4	32	0	0	32	1	一	
PHYS 1213.04	大学体育	必修	4	128	2	128	0	0	0	1	一	
IDPE 1050.03	思想道德修养与法律基础	必修	3	48	3	32	0	0	16	1	一	
ENGL 1002.02	大学英语(二)	必修	2	64	4	32	0	0	32	1	二	
CSCI 1004.01	计算机应用基础	必修	1	32	2	16	16	0	0	1	二	
IDPE 1048.02	中国近现代史纲要	必修	2	32	2	32	0	0	0	1	二	
ENGL 1003.02	大学英语(三)	必修	2	64	4	32	0	0	32	2	一	
CSCI 2003.02	C 程序设计基础	必修	2	48	3	32	0	16	0	2	一	
ENGL 1011.02	大学英语(四)	必修	2	64	4	32	0	0	32	2	二	
MIED 2000.02	军事理论	必修	2	32	2	32	0	0	0	2	二	

续表

IDPE 2049.06	毛泽东思想和中国特色社会主义理论体系概论	必修	6	96	6	64	0	0	32	2	二	
IDPE 3051.03	马克思主义基本原理概论	必修	3	48	3	32	0	0	16	3	一	
OSA 1003.02	形势与政策	选修	2	32	2	32	0	0	16	1	一	
IDPE 1059.02	当代世界经济与政治	选修	2	32	2	32	0	0	16	1	一	
小计			35	784								

通识教育课程:最低必修学分数:4,最低选修学分数:10

课程号	课程名称	修读形式	学分	学时	周学时	授课学时	实验学时	上机学时	其他学时	开课学年	开课学期	备注
CHIN 1085.02	大学语文	必修	2	32	2	32	0	0	0	1	一	
ENER 1006.01	能源学科新生研讨课	必修	1	18	2	18	0	0	0	1	一	
	跨学科基本课程	选修	10	160	2	160	0	0	0	1	二	
SOSA 3076.01	大学生心理健康	必修	1	32	2	16	16	0	0	1	二	
小计			14	242								

学科通修课程:最低必修学分数:66,最低选修学分数:0

课程号	课程名称	修读形式	学分	学时	周学时	授课学时	实验学时	上机学时	其他学时	开课学年	开课学期	备注
MATH 1022.05	一元微积分(A类)	必修	5	96	6	96	0	0	0	1	一	
CHEM 1075.03	无机化学B	必修	3	48	3	48	0	0	0	1	一	
MATH 2010.03	线性代数(A)	必修	3	64	4	64	0	0	0	1	一	
MATH 1002.06	多元微积分(A类)	必修	6	96	6	96	0	0	0	1	二	
PHYC 1071.03	大学物理B(上)	必修	3	48	3	48	0	0	0	1	二	

续表

PHYC 1132.02	大学物理实验	必修	2	64	4	0	64	0	0	1	二	
CHEM 1078.02	无机及分析化学实验 B	必修	2	72	6	0	72	0	0	1	二	
ENVS 1016.02	分析化学 B	必修	2	32	2	32	0	0	0	1	二	
MATH 2012.03	概率统计(A)	必修	3	64	4	64	0	0	0	2	一	
PHYC 2089.04	大学物理 B(下)	必修	4	64	4	64	0	0	0	2	一	
CHEM 2076.03	有机化学 B	必修	3	48	3	48	0	0	0	2	一	
ENER 2011.03	工程数学	必修	3	48	3	48	0	0	0	2	一	
CHEM 2079.02	有机化学实验 B	必修	2	60	6	0	60	0	0	2	一	
ENER 2016.03	太阳能光伏发电应用技术	必修	3	48	3	48	0	0	0	2	二	
ENER 2013.03	核能与核技术概论	必修	3	48	3	48	0	0	0	2	二	
ENER 2014.03	生物质能工程	必修	3	48	3	48	0	0	0	2	二	
ENER 2015.03	能源化学	必修	3	48	3	48	0	0	0	2	二	
ENER 3017.03	工程流体力学	必修	3	48	3	48	0	0	0	3	一	
ENER 3018.03	材料科学基础	必修	3	48	3	48	0	0	0	3	一	
ENER 3019.03	工程热力学	必修	3	48	3	48	0	0	0	3	二	
ENER 3021.02	项目管理	必修	2	32	2	32	0	0	0	3	二	
ENER 3020.02	技术经济学	必修	2	32	2	32	0	0	0	3	二	
小计			66	1204								

学科或专业方向课程:最低必修学分数:19,最低选修学分数:6

课程号	课程名称	修读形式	学分	学时	周学时	授课学时	实验学时	上机学时	其他学时	开课学年	开课学期	备注
ENER 1052.01	城市能源系统	选修	1	20	4	20	0	0	0	1	三	
ENER 1053.01	能源管理体系	选修	1	20	4	20	0	0	0	1	三	
ENER 1054.01	能源政策理论与实践	选修	1	20	4	20	0	0	0	1	三	

续表

ENER 1046.01	工程制图与AutoCAD	选修	1	20	4	0	20	0	0	1	三	
ENER 1049.01	生物质结构化学	选修	1	20	4	20	0	0	0	1	三	
ENER 1055.01	建筑节能	选修	1	20	4	20	0	0	0	2	三	
ENER 2057.02	材料腐蚀与防护	选修	2	30	6	30	0	0	0	2	三	
ENER 2089.01	单片机原理与应用	选修	1	20	4	20	0	0	0	2	三	
ENER 2056.01	交通能源与新能源汽车	选修	1	20	4	20	0	0	0	3	三	
ENER 1047.02	电路基础	选修	2	32	2	32	0	0	0	2	一	
ENER 3030.02	物理化学(上)	必修	2	32	2	32	0	0	0	2	二	
ENER 3040.03	半导体物理学	选修	3	48	3	48	0	0	0	3	一	
ENER 3023.02	电工与电子技术	必修	2	32	2	32	0	0	0	3	一	
ENER 3026.03	原子核物理	选修	3	48	3	48	0	0	0	3	一	
ENER 3041.02	多物理场建模与仿真	选修	2	32	2	16	16	0	0	3	一	
ENER 3032.02	物理化学(下)	必修	2	32	2	32	0	0	0	3	一	
ENER 3031.02	化工原理(上)	选修	2	32	2	32	0	0	0	3	一	
ENER 3022.03	传热与流体数值计算	必修	3	48	3	48	0	0	0	3	二	
ENER 3043.02	太阳能电池材料与器件	选修	2	32	2	32	0	0	0	3	二	
ENER 4036.02	化工原理(下)	选修	2	32	2	32	0	0	0	3	二	
ENER 3071.03	能源生物工程概论	选修	3	48	3	48	0	0	0	3	二	
ENER 3072.03	生物质发电与化学品	选修	3	48	3	48	0	0	0	3	二	
ENER 3069.02	核探测与防护应用	必修	2	32	2	32	0	0	0	3	二	
ENER 3070.02	反应堆工程	选修	2	48	3	48	0	0	0	3	二	
ENER 4012.02	核反应堆安全分析	选修	2	32	2	32	0	0	0	3	二	
ENER 4044.02	太阳能光伏发电系统	选修	2	32	2	28	4	0	0	4	一	
ENER 4073.02	核电厂仪表与控制基础	选修	2	32	2	32	0	0	0	4	一	

续表

课程号	课程名称	修读形式	学分	学时	周学时	授课学时	实验学时	上机学时	其他学时	开课学年	开课学期	备注
ENER 4066.06	新能源基础实验	选修	2	64	4	0	64	0	0	1	一	
ENER 4069.06	核能系统仿真	选修	2	64	4	0	64	0	0	4	一	
ENER 4067.06	新能源系统技术与实践(上)	必修	4	128	8	0	128	0	0	3	二	
ENER 4068.06	新能源系统技术与实践(下)	必修	4	128	8	0	128	0	0	4	一	
小计			63	1246								

其他教学环节:最低必修学分数:17,最低选修学分数:2

课程号	课程名称	修读形式	学分	学时	周学时	授课学时	实验学时	上机学时	其他学时	开课学年	开课学期	备注
MIED 1001.03	军事训练	必修	3	112	56	112	0	0	0	1	一	
ENER 3081.02	创新创业训练	选修	2	80	20	0	0	0	80	3	三	
ENER 3082.02	社会实践	选修	2	80	20	0	0	0	80	3	三	
ENER 3009.02	生产实习	必修	2	80	40	0	0	0	80	3	三	
ENER 4010.06	毕业论文	必修	6	240	20	0	0	0	240	4	二	
小计			15	592								

三、2016—2018 级课程体系(毕业学分不少于 151 学分)

2016—2018 级课程体系见表 4-5,要求毕业学分不少于 151 学分。

表 4-5 2016—2018 级课程体系

课程类别	必修/选修合计			
	必修		选修	总学分
	门数	学分	学分	
公共基本课程	12	31	0	31
通识教育课程	3	4	10	14
学科通修课程	23	61	0	61
专业方向性课	4	9	21	30
其他教学环节	4	13	2	15
合计	46	118	33	151

修订说明：根据学校关于修订教学计划的总体原则，即“优化课程结构、强化实践创新能力、突出个性培养、均衡课程安排、规范课程管理”，对学科通修课程、专业方向课程和其他教学环节进行调整，增加了学科通修课程门数，压缩了学分。专业方向课由将原来的学科或专业方向选修课程分为分专业必修模块和选修模块两大模块，现改为核能方向选修模块、能源化学方向选修模块、太阳能方向选修模块等三大模块。其中，专业必修 9 个学分，选修部分学生可根据自己兴趣和意愿任选一模块课程，共 21 学分，更有利于学生专业综合知识的学习以及核心竞争力的培养。

本教学计划从 2016 级学生开始全面实施。新生入学后先修公共基本课程、通识教育课程以及学科通修课程。二年级下学期开始，根据学生个人意愿和成绩要求实行分流培养。

公共基本课程：必修 31 学分。

通识教育课程：14 学分。必修 3 门课程 4 学分，其中开设“能源学科新生研讨课”，1 学分；全校性选修课程选修 10 学分，要求学生在人文、自然以及社会科学等领域修读跨学科基本课程。

学科通修课程：必修 61 学分。

专业课程：必修 9 学分，选修 21 学分。设置三个模块方向：核能、能源化工、太阳能。核能模块：选择该模块的学生应修满 15 学分的模块内课程并修读 6 学分的其他选修课程（可选择核能模块以外的其他课程）；能源化工模块：选择该模块的学生应修满 15 学分的模块内课程并修读 6 学分的其他选修课程(可选择能源化工模块以外的其他课程);太阳能模块:选择该模块的学生应修满 12 学分的模块内课程并修读 9 学分的其他选修课程(可选择太阳能模块以外的其他课程)。

其他教学环节:必修 13 学分,选修 2 学分,包括军事训练、创新创业训练、社会实践、实习和毕业论文。创新创业训练内容包括创新实验、创业训练以及创业实践项目等,项目经结题验收后,可获得学分。社会实践是除了第四学年实习外,在其他学年的暑假期间或课外时间参加的活动,包括社会调查、生产劳动、志愿服务、公益活动、科技发明和勤工助学等创新创业训练与社会实践均属选修课,最多可获得 2 个学分。每个本科生在学期间参加社会实践活动的时间累计应不少于 4 周,至少参加一次社会调查,撰写一篇调查报告。社会实践通过考核合格后,可获得学分。综合实验从核能、生物能源、化学能源、太阳能和能效工程中选择一项,完成实验报告。

具体课程安排见表 4-6。

表 4-6 2016—2018 级课程安排

公共基本课程:最低必修学分数:31,最低选修学分数:0												
课程号	课程名称	修读形式	学分	学时	周学时	授课学时	实验学时	上机学时	其他学时	开课学年	开课学期	备注
ENGL 1001.02	大学英语(一)	必修	2	64	4	32	0	0	32	1	一	
PHYS 1213.04	大学体育	必修	4	128	2	128	0	0	0	1	一	
IDPE 1050.03	思想道德修养与法律基础	必修	3	48	3	32	0	0	16	1	一	
ENGL 1002.02	大学英语(二)	必修	2	64	4	32	0	0	32	1	二	
CSCI 1004.01	计算机应用基础	必修	1	32	2	16	16	0	0	1	二	
IDPE 1048.02	中国近现代史纲要	必修	2	32	2	32	0	0	0	1	二	
ENGL 1003.02	大学英语(三)	必修	2	64	4	32	0	0	32	2	一	

续表

CSCI 2003.02	C程序设计基础	必修	2	48	3	32	0	16	0	2	一	
ENGL 1011.02	大学英语(四)	必修	2	64	4	32	0	0	32	2	二	
MIED 2000.02	军事理论	必修	2	32	2	32	0	0	0	2	二	
IDPE 2049.06	毛泽东思想和中国特色社会主义理论体系概论	必修	6	96	6	64	0	0	32	2	二	
IDPE 3051.03	马克思主义基本原理概论	必修	3	48	3	32	0	0	16	3	一	
OSA 1003.02	形势与政策	选修	2	32	2	32	0	0	16	1	一	
IDPE 1059.02	当代世界经济与政治	选修	2	32	2	32	0	0	16	1	一	
小计			35	784								

通识教育课程:最低必修学分数:4,最低选修学分数:10

课程号	课程名称	修读形式	学分	学时	周学时	授课学时	实验学时	上机学时	其他学时	开课学年	开课学期	备注
CHIN 1085.02	大学语文	必修	2	32	2	32	0	0	0	1	一	
ENER 1006.01	能源学科新生研讨课	必修	1	18	2	18	0	0	0	1	一	
	跨学科基本课程	选修	10	160	2	160	0	0	0	1	二	
SOSA 3076.01	大学生心理健康	必修	1	32	2	16	16	0	0	1	二	
小计			14	242								

学科通修课程:最低必修学分数:61,最低选修学分数:0

课程号	课程名称	修读形式	学分	学时	周学时	授课学时	实验学时	上机学时	其他学时	开课学年	开课学期	备注
MATH 1022.05	微积分Ⅰ-1	必修	5	96	6	96	0	0	0	1	一	
CHEM 1075.03	无机化学B	必修	3	48	3	48	0	0	0	1	一	

续表

MATH 2010.03	线性代数Ⅰ	必修	3	64	4	64	0	0	0	1	一	
MATH 1002.06	微积分Ⅰ-2	必修	6	96	6	96	0	0	0	1	二	
PHYC 1071.03	大学物理B(上)	必修	3	48	3	48	0	0	0	1	二	
PHYC 1132.02	大学物理实验	必修	2	64	4	0	64	0	0	1	二	
CHEM 1078.02	无机及分析化学实验B	必修	2	72	6	0	72	0	0	1	二	
MATH 2012.03	概率统计Ⅰ	必修	3	64	4	64	0	0	0	2	一	
PHYC 2089.04	大学物理B(下)	必修	4	64	4	64	0	0	0	2	一	
CHEM 2076.03	有机化学B	必修	3	48	3	48	0	0	0	2	一	
ENER 2011.03	工程数学	必修	3	48	3	48	0	0	0	2	一	
CHEM 2079.02	有机化学实验B	必修	2	60	6	0	60	0	0	2	一	
ENER 2016.03	光伏技术与应用概论	必修	2	32	2	32	0	0	0	2	二	
ENER 2013.03	核能与核技术概论	必修	2	32	2	32	0	0	0	2	二	
ENER 2014.03	生物质能概论	必修	2	32	2	32	0	0	0	2	二	
ENER 2015.03	能源化学概论	必修	2	32	2	32	0	0	0	3	二	
	能效工程概论	必修	1	16	1	14	1	1	2	4	一	
ENER 3017.03	流体力学与传热学	必修	2	32	2	28	2	0	2	2	二	
ENER 3018.03	工程材料学	必修	2	32	2	32	0	0	0	2	一	
ENER 3019.03	工程热力学	必修	3	48	3	48	0	0	0	2	一	
ENER 3021.02	项目管理	必修	2	32	2	32	0	0	0	4	一	
ENER 3023.02	电工与电子技术	必修	2	32	2	32	0	0	0	2	二	
ENER 3100.02	工程模拟与仿真	必修	2	48	3	0	48	0	0	3	一	
小计			61	1140								

学科或专业方向课程:最低必修学分数:9,最低选修学分数:21												
课程号	课程名称	修读形式	学分	学时	周学时	授课学时	实验学时	上机学时	其他学时	开课学年	开课学期	备注
核能模块(选修该此模块的学生须再选择6学分的选修课程)	原子物理学	选修	2	32	2	26	0	0	6	2	二	
	材料辐照效应	选修	2	32	2	32	0	0	0	3	一	
	核探测与防护应用	选修	3	48	2	32	16	0	0	3	一	
	反应堆工程	选修	2	32	2	32	0	0	0	3	一	
	核反应堆安全分析	选修	2	32	2	32	0	0	0	3	二	
	核电厂仪表与控制基础	选修	2	32	2	32	0	0	0	3	二	
	核能系统仿真	选修	2	64	4	0	64	0	0	3	二	
太阳能(选修该此模块的学生须再选择9学分的其他选修课程)	半导体物理学	选修	3	48	3	48	0	0	0	3	一	
	物理化学(上)	选修	2	32	2	32	0	0	0	2	二	
	物理化学(下)	选修	2	32	2	32	0	0	0	3	一	
	光伏发电系统	选修	2	32	2	32	0	0	0	3	二	
	功能材料学	选修	3	48	3	48	0	0	0	3	一	
能源化工(选修该此模块的学生须再选择6学分的选修课程)	物理化学(上)	选修	2	32	2	32	0	0	0	2	二	
	物理化学(下)	选修	2	32	2	32	0	0	0	3	一	
	化工原理(上)	选修	2	32	2	32	0	0	0	3	一	
	化工原理(下)	选修	2	32	2	32	0	0	0	3	二	
	生物质能工程	选修	3	48	3	48	0	0	0	3	二	
	能源生物工程	选修	2	32	2	32	0	0	0	3	二	
	能源工业催化	选修	2	32	2	32	0	0	0	3	一	
ENER 1046.01	工程制图与AutoCAD	选修	1	20	4	0	20	0	0	1	三	
ENER 1047.02	电路基础	选修	2	32	2	32	0	0	0	2	一	
ENER 3020.02	技术经济学	选修	2	32	2	32	0	0	0	3	二	
ENER 2089.01	单片机原理与应用	选修	1	20	4	4	16	0	0	2	三	

续表

ENER 2095.01	机械能收集技术入门实验	选修	1	20	4	0	20	0	0	2	三	
ENER 1090.02	新能源入门实验	选修	2	64	4	0	64	0	0	1	一	
ENER 3113.03	新能源系统技术与实践(核能)	必修	3	96	6	0	96	0	0	3	一	
ENER 3115.03	新能源系统技术与实践(能源化学)	必修	3	96	6	0	96	0	0	3	二	
ENER 4112.02	新能源系统技术与实践(光伏)	必修	2	60	4	6	54	0	0	4	一	
	机械实训	必修	1	48	48	0	0	0	0	1	三	
	电气实训	选修	1	35	35	0	0	0	0	1	三	
小计			57	1167								

其他教学环节:最低必修学分数:13,最低选修学分数:2

课程号	课程名称	修读形式	学分	学时	周学时	授课学时	实验学时	上机学时	其他学时	开课学年	开课学期	备注
MIED 1001.03	军事训练	必修	3	112	56	112	0	0	0	1	一	
CHEM 3176.02	创新实践	必修	2	80	20	0	0	0	80	3	三	
ENER 3082.02	社会实践	选修	2	80	20	0	0	0	80	3	三	
ENER 3009.02	生产实习	必修	2	80	40	0	0	0	80	3	三	
ENER 4010.06	毕业论文	必修	6	240	20	0	0	0	240	4	二	
小计			15	592								

四、2019 级起的课程体系

2019 级起的课程体系见表 4-7,要求毕业学分不少于 156 学分。

表 4-7　2019 级起的课程体系

课程模块	必修		选修	总学分	备注
	门数	学分	学分		
公共基本课程	10	33	0	33	
通识教育课程	3	4	10	14	
学科通修课程	25	63	0	63	
专业方向课程	5	14	14	28	
其他教学环节	7	16	2	18	
合计	50	130	26	156	

修订说明:对照《工程教育认证标准(2017 版)》,总结 2013 年专业开设以来的教学经验和行业发展对人才需求的变化,对课程体系做了较大的调整,突出新能源特色,增加了国际生的课程修读条款。

本教学计划从 2019 级学生开始全面实施。新生入学后先修公共基本课程、通识教育课程以及学科类通修课程。二年级下学期开始,根据学生个人意愿和成绩要求实行分流培养。

公共基本课程:必修 33 学分。

通识教育课程:14 学分。必修 3 门课程 4 学分,其中开设"能源学科新生研讨课",1 学分;全校性选修课程选修 10 学分,要求学生在人文、自然以及社会科学等领域修读跨学科基本课程。

学科通修课程:必修 63 学分,选修 0 学分。

专业方向课程:必修 14 学分,选修 14 学分。

其他教学环节:必修 16 学分,选修 2 学分,包括军事技能、创新创业训练、社会实践、实习、课程设计和毕业论文。创新创业训练内容包括创新实验/实践、创业训练以及创业实践项目等,项目经结题验收后,可获得学分。实习分为金工实习、认知实习和生产实习。社会实践是指除了第四学年实习外,在其他学年的暑假期间或课外时间参加的活动,包括社会调查、生产劳动、志愿服务、公益活动、科技发明和勤工助学等,创新创业训练与社会实践均属选修课,最多可获得 2 个学分。每个本科生在学期间参加社会实践活动的时间累计应不少于 4 周,每个学生在学期间要至少参加一次社会调查,撰写一篇调查报告。社会实践通过考核合格后，可获得学分。

具体课程安排见表 4-8。

表 4-8 2019 级起的课程安排

公共基本课程 最低必修学分数：33，最低选修学分数：0										
课程号	课程名称	修读形式	学分	总学时	理论教学学时	实验教学学时	实践教学学时	开课学年	开课学期	备注
IDPE 1048.02	中国近现代史纲要	必修	3	48	32	0	16	一	2	
IDPE 1050.03	思想道德修养与法律基础	必修	3	48	32	0	16	一	1	
IDPE 2049.06	毛泽东思想和中国特色社会主义理论体系概论	必修	5	80	64	0	16	二	2	
IDPE 3051.03	马克思主义基本原理概论	必修	3	48	32	0	16	三	1	
OSA 1003.02	形势与政策	必修	2	64	64	0	0	/	/	
IDPE 1059.02	当代世界经济与政治	选修	2	32	32	0	0	一、二	1	
MIED 2000.02	军事理论	必修	2	32	32	0	0	二	2	
PHYS 1213.04	体育	必修	4	128	—	—	—	/	/	
/	大学英语	必修	8	256	128	0	128	一、二	/	
CSCI 1004.01	计算机应用基础	必修	1	32	16	16	0	一	2	
CSCI 2003.02	C 程序设计基础	必修	2	48	32	16	0	二	1	
小计			35	816	464	32	192			

通识教育课程 最低必修学分数：4，最低选修学分数：10

课程号	课程名称	修读形式	学分	总学时	理论教学学时	实验教学学时	实践教学学时	开课学年	开课学期	备注
ENER 1006.01	新生研讨课	必修	1	16	16	0	0	一	1	
	跨学科基本课程	选修	10	160	160	/	/	/	/	
	创业基础	选修	2	32	16	0	16	四	1	创新创业课程
SOSA 3076.01	大学生心理健康	必修	1	16	16	0	0	一	2	
CHIN 1085.02	大学语文	必修	2	32	32	0	0	一	1	
小计			16	256	240	0	16			

学科通修课程 最低必修学分数：63，最低选修学分数：0

课程号	课程名称	修读形式	学分	总学时	理论教学学时	实验教学学时	实践教学学时	开课学年	开课学期	备注
MATH 1022.05	微积分Ⅱ－1	必修	3	52	52	0	0	一	1	
MATH 2010.03	线性代数Ⅰ	必修	2	32	32	0	0	一	1	
ENER 1131.03	大学化学(上)	必修	3	48	48	0	0	一	1	跨学科课程
ENER 1144.03	工程制图与AutoCAD	必修	3	64	32	32	0	一	1	跨学科课程
ENER 1132.02	新能源科学与技术导论	必修	2	32	32	0	0	一	1	跨学科课程
	无机及分析化学实验 B	必修	2	60	0	60	0	一	2	跨学科课程
MATH 1002.06	微积分Ⅱ－2	必修	5	80	80	0	0	一	2	
PHYC 1071.03	大学物理 B(上)	必修	3	48	48	0	0	一	2	

续表

PHYC 1132.02	大学物理实验	必修	2	64	0	64	0	一	2	
ENER 1133.03	大学化学(下)	必修	3	48	48	0	0	一	2	跨学科课程
ENER 1137.03	电工与电子技术(上)	必修	3	48	48	0	0	二	1	跨学科课程
	电工实验	必修	1	32	0	32	0	二	1	跨学科课程
	有机化学实验 B	必修	2	60	0	60	0	二	1	跨学科课程
MATH 2012.03	概率统计Ⅱ	必修	2	32	32	0	0	二	2	
PHYC 2089.04	大学物理 B(下)	必修	4	64	64	0	0	二	1	
	工程力学	必修	3	48	48	0	0	二	1	跨学科课程
ENER 3019.03	工程热力学	必修	2	32	32	0	0	二	1	跨学科课程
	电工技术实验	必修	1	32	0	32	0	二	2	跨学科课程
ENER 2138.03	电工与电子技术(下)	必修	3	48	48	0	0	二	2	跨学科课程
	流体力学	必修	2	32	32	0	0	二	2	跨学科课程/双语课程
	机械设计基础	必修	3	48	48	0	0	二	2	跨学科课程
ENER 3021.02	工程传热学	必修	2	32	32	0	0	二	2	跨学科课程
ENER 2134.03	新能源材料科学	必修	3	48	48	0	0	二	2	跨学科课程
	能源与动力装置基础	必修	2	32	32	0	0	三	1	专业核心课程
	自动控制原理	必修	2	32	32	0	0	三	1	跨学科课程
小计			63	1148	868	284	0			

专业方向课程：最低必修学分数：14，最低选修学分数：14

模块	课程号	课程名称	修读形式	学分	总学时	理论教学学时	实验教学学时	实践教学学时	开课学年	开课学期	备注
专业方向公共模块（限选2～4学分）	ENER 3030.02	物理化学（上）	必修	2	32	32	0	0	二	2	跨学科课程
	ENER 3032.02	物理化学（下）	必修	2	32	32	0	0	三	1	跨学科课程
		传质与分离	必修	2	32	32	0	0	三	1	跨学科课程
	ENER 3135.02	能源与动力测试技术	选修	2	48	32	16	0	三	2	专业核心课程
	ENER 3143.03	控制仪表及装置	选修	3	64	32	32	0	三	2	跨学科课程
		文献检索与专业英语	选修	2	32	32	0	0	四	1	跨学科课程
		智慧能源与大数据	选修	2	32	32	0	0	四	1	跨学科课程
	ENER 4140.02	能源工程管理	选修	2	32	32	0	0	四	1	跨学科课程
	ENER 4141.02	能源经济学	选修	2	32	32	0	0	四	1	跨学科课程
工程物理（核能）模块（选不少于12学分）	ENER 3070.02	反应堆工程	选修	2	32	32	0	0	三	2	专业核心课程
	ENER 3142.03	核能系统与设备	选修	3	64	32	32	0	三	2	专业核心课程
	ENER 3069.02	核探测与防护应用	选修	2	40	24	16	0	三	2	专业核心课程
	ENER 3101.02	材料辐照效应	选修	2	32	32	0	0	三	1	专业核心课程
		核燃料循环	选修	2	32	32	0	0	四	1	专业核心课程
		核反应堆安全分析	选修	2	32	32	0	0	四	1	专业核心课程

续表

新能源模块(选不少于12学分)		储能科学与技术	选修	2	32	32	0	0	三	2	专业核心课程
		生物质能原理与技术	选修	3	48	48	0	0	三	1	专业核心课程
	ENER 3105.02	能源工业催化	选修	2	32	32	0	0	三	2	专业核心课程
		太阳能利用原理与技术	选修	3	48	48	0	0	三	2	专业核心课程
		风能与风力发电技术	选修	2	32	32	0	0	四	1	专业核心课程
		氢能与燃料电池	选修	2	32	32	0	0	四	1	专业核心课程
	ENER 3092.04	新能源综合实验(上)	必修	4	128	0	128	0	三	1	专业核心课程
	ENER 4093.04	新能源综合实验(下)	必修	4	128	0	128	0	三	2	专业核心课程
	小计			54	1048	696	352	0			

其他教学环节　最低必修学分数：16，最低选修学分数：2

课程号	课程名称	修读形式	学分	总学时	理论教学学时	实验教学学时	实践教学学时	开课学年	开课学期	备注
MIED 1001.03	军事技能	必修	2	2W	0	0	2W	一	1	
	金工实习	必修	1	1W	0	0	1W	一	3	
	认知实习	必修	1	1W	0	0	1W	二	3	
ENER 3009.02	生产实习	必修	2	2W	0	0	2W	三	3	
	新能源系统课程设计	必修	2	2W	0	0	2W	三	3	
	创新实践(大创)	必修	2	2W	0	0	2W		3	
ENER 3082.02	社会实践	选修	2	2W	0	0	2W		3	
ENER 4010.06	毕业论文	必修	6	16W	0	0	16W	四	2	
小计			18	32W	0	0	32W			

注：W＝周，一周大概40学时。

国际生相关规定：(1)应当修读汉语和中国概况课程；(2)可免修思想政治理论课程(哲学、政治学专业除外)、军事理论、军事训练；(3)国际学生入学后，参加学校组织的英语水平测试，成绩合格者可申请免修大学英语；(4)可申请免修微积分Ⅳ等课程，但需申请并经学校批准。

第三节　教改项目

能源学院近年承担的教改项目见表4-9。

表4-9　教改项目

序号	项目名称	项目负责人	级别
1	国际化专业综合改革试点计划	林　鹿	福建省2015
2	“新能源科学与工程”高等学校服务产业特色专业	李　宁	福建省2016
3	能源互联网虚拟仿真实验教学中心	赵英汝	厦门大学2016
4	复合型新能源行业工程师培养改革试点	缪惠芳	福建省2017
5	新能源综合创新省级实验教学示范中心	缪惠芳	福建省2017
6	新能源综合应用工程师训练营	缪惠芳	厦门大学2017
7	复合型新能源行业工程人才培养模式探索与实践	缪惠芳	教育部2018
8	“核电站原理模拟机运行与开发系列实验”虚拟仿真实验项目	吴一纯	厦门大学2019
9	面向工科非电类专业的电子技术课程体系改革与教学模式探索	吴一纯	厦门大学2019

第四节 教学成果奖

能源学院近年取得的教学成果奖见表4-10。

表4-10 教学成果奖一览表

序号	成果名称	成果完成人	年份	奖项
1	国际化实践创新型新能源人才培养模式研究与实践	缪惠芳、李宁、张灵	2017	厦门大学一等奖
2	学院初创条件下的多学科交叉本科实验设计与基础建设	刘健、林志彬、胡晓慧、陈锦	2017	厦门大学二等奖

一、国际化实践创新型新能源人才培养模式研究与实践

全球经济一体化高速发展，世界各国对能源安全的关注、气候变化的威胁和不断增长的能源需求，催生出学科交叉创新的社会重大需求，与此相对应的是对国际化实践创新型新能源人才的需求。能源学院以教育部“卓越工程师培养计划”为导向，立足于新学院、新兴交叉学科，明确国际化和实践能力作为人才培养的首要目标，采用个性化、多元化的创新体系，培养具有国际视野的实践创新型人才。在搭建科学创新的人才培养体系、打造多元化实践创新平台、拓展国际化学术交流平台、培育一流师资队伍、管理创新与制度化建设等五个方面进行大胆的探索与创新，夯实学生的专业基础，提升学生的实践能力及国际化视野，取得了良好的教学和人才培养效益，主要解决了以下教学问题：

(1)突破传统的模式化培养，改变相对滞后的人才培养理念，提升培养方案科学性，优化课程体系，解决课程内容冗余及逻辑的衔接性问题。进一步探索与完善培养方案如何适应学生的个性化发展，实现以“教为中心”向“以学生为中心”的实质性转化，促进学生创造性人格养成和个性张扬。

(2)通过管理创新，改变单一的教学方式，打破重理论教学、轻实践教学的传统；实践能力的培养方面，改变传统单一的实验室教学的方式，建立综合性、设计性、创新性实验体系及创新实践能力培养的一体化机制。

(3)改变国际化建设故步自封、学生出国境交流积极性不高的现状,拓宽学生国际化视野,提升学生国际化程度。

(4)建设师资队伍,改善教师重科研、轻教学的现状,通过引进和学院培育优化工程实践及国外留学双料背景的教师队伍结构,构建一支既具有国际化视野又理论与实践并重的一流师资队伍。

(5)加强过程管理,完善制度化建设,系统性梳理本科教学的方方面面,形成《厦门大学能源学院本科教学各项规章制度汇编》,让所有教师及教辅人员在本科教学管理中有章可循。

二、学院初创条件下的多学科交叉本科实验设计与基础建设

(一)教学理念创新:创新实践育人理念

实践课程建设对人才培养的定位是:以应用型人才培养为基础,以研究型人才培养为重点,培养基础扎实、知识面宽、实践能力强、综合素质高的创新型人才。因此,在构建新能源科学与工程专业实验教学课程体系时,依据本学科的特点,针对目前普遍存在的问题,结合本校传统化学、材料化学、物理等学科方面的优势,并考虑学生的基础知识和基本技能、实践能力、创新能力和科研能力的培养目标,提出了四个层次的新能源科学与工程专业实验教学课程体系。新能源材料与器件专业实践教学体系内容主要由基础实验、专业基础实验、综合设计性实验、研究创新性实验和校外工厂实践(毕业实习、生产实习)四个部分组成,对应于"基础—综合—创新—应用"四个层次的全新实验教学模式。按照"基础认知一工程训练一综合应用一探索创新"四个层次,系统优化实践教学内容体系,构建了多元化的实践教学模式,搭建了实验教学、模拟仿真、实习实训、创新实践四位一体资源平台,全面提升了学生的工程实践能力和创新能力。

(二)教学模式创新:多元化的实践教学模式

针对实验实践的关键环节,探索实施了"知识融会贯通"的实验教学模式,不

仅是将知识点与案例教学相结合，更是拓宽教学内容知识面，同时保持教学与世界最新研究进展的同步，摆脱某些教材滞后的束缚，注重使学生掌握交叉学科知识的应用，力求真正做到“学以致用”。经过课程的锻炼，学生将顺利进入毕业设计阶段，知识及技能水平得到更进一步的提升。

（三）实践平台创新：建立多学科交叉和工程应用属性的本科生创新实践平台

“新能源综合应用创新实践平台”是我院平台建设中非常重要的一环。平台主要利用现有本科实验教学设备和空间资源，结合学院丰富的教学和科研人才资源，让学生，特别是本科生进入研究课题组和实验室，参与科研创新活动，通过课题的参与、项目的研究，培养学生创新思维、动手能力、科学素养及工程应用能力。通过平台的建设，整合实验资源和教师资源，由学院提供项目研究所需设备、空间等，由课题组提供课题和学生需求，学生与导师双向选择，为学生提供更好的科研训练和工程素养的培训。平台以卓越工程师培养为最终目标，为学生提供除课程学习以外，更多的动手和思维能力训练。

第五节　教材建设

《新能源专业本科教学实验》，厦门大学出版社出版，刘健、林志彬、胡晓慧主编。

新能源科学与工程专业是2010年教育部批准设置的本科专业，历史较短，相关的教学基础薄弱，尤其在本科教学实验方面。新能源本科教学实验课程作为跨学科交叉课程是高等教育中实现交叉协同创新的一种尝试。随着学校协同创新工作的开展，学生们对跨学科知识的需求量日益增加，新能源本科教学实验课程作为典型的跨学科课程得以迅速发展。与传统能源课程不同的是，本课程教育强调学科交叉性，重点培养学生运用各方面知识的综合能力。能源学院实验实训中心总结办学经验，编写《新能源专业本科教学实验》一书，旨在服务于新能源专业本科教学实验课程，以实验、实践和学习性研究为主，通过新能源实验使学生掌握新能源技术的主要形式，提升核能、生物能源、太阳能、化学电源和能效工程五个领域的综合知识水平。

第六节 人才培养特色

一、培养具有国际化视野的复合型拔尖创新人才

能源学院以国家能源战略和产业发展的重大需求为导向，瞄准世界能源科技前沿，联合行业内区域创新主体，集成、融合创新元素和资源，秉持“发展能源技术，共同改变世界”的理念，强调学科交叉，致力于培养具有基础研究能力和自主创新能力、国际化视野的复合型拔尖创新人才。重点培养学生具备核能、生物能源、化学能源、太阳能、新能源装备与系统、能效工程等方向知识，具备在新能源全产业链从事科技开发与管理工作的潜质。

二、注重理论与实践结合，培养学生的实践和创新能力

扎实的理论知识包括基础理论课程与专业课程。基础理论学习强调基础性与综合性相结合，包括数学类、自然科学类、工程类、外语类、思想政治类等的课程。专业知识学习遵循厚基础、宽口径原则，包括学科基础课和专业方向课，开设核能、生物质能、氢能、太阳能、风能等多种新能源前沿科学理论与技术课程。注重学生独立思考能力、动手能力和工程实践能力的培养。专业拥有完善的实习、实践、实验课程体系，包括社会实践、生产实习、金工实习、专业方向实验、专业综合实验、课程实验、创新创业等课程。打破常规学科专业界限，融合科研、技术和产业发展中的共性知识和技能，鼓励学生进入课题组和实验室，参与前沿科学创新、产业技术创业、国际交流合作等活动，培养学生的专业科学素养、创新思维能力、动手能力、工程应用能力和国际化视野，为学生继续学习深造、进入重要岗位工作打下坚实的基础。

三、实行本科生导师制，专业教师人人指导科创

将指导大学生创新实践活动作为专业教师考核和职称评定的一项重要指标，要求全院教师亲身示范，指导大学生创新训练的立项申报，对本科生进行一对一的指导和服务，实现专业教师人人带科创、人人指导科创。鼓励本科生从一年级开始就进入实验室参与科研训练，以学院科研项目为依托，参与前沿科学问题探索研究（纵向项目）与企业技术难题的攻关研究（横向项目），激发学生的专业学习兴趣，实现科学研究与人才培养的相互促进，在本科生中营造浓郁的科研学术氛围。

四、要求学生人人参与大创，国内外比赛屡获佳绩

本科生参与至少一项科技创新竞赛活动，以赛带学、课赛融合。本科生创新实践活动参与率一直保持100%以上，“大创”立项全覆盖，学生人人有大创、人人参与大创，在国内外大赛中屡获佳绩。

2016年5月，2014级本科生郑世胜团队获得第九届“创青春”福建省大学生创业大赛创业计划赛银奖，指导老师：曹留烜、李宁。

2017年6月，2014级本科生于明玉发表SCI论文2篇，其中一篇为第二作者，指导老师：云大钦。

2016年7月，黄菲梦团队Green Dreamer获得2016施耐德电气绿色能源全球创新案例挑战赛中国区冠军，9月获得全球总决赛第四名，指导老师：赵英汝。

2016年8月，2013级本科生王淑仰团队“光转换醋酸纤维素农膜”项目获得第九届全国大学生节能减排社会实践与科技竞赛二等奖，指导老师：郑淞生。

2017年11月，2015级本科生尤佳彬团队“岛屿分布式离网发电系统创新研究”项目获“阿美亚洲杯”能源环保创新大赛厦门大学总决赛社会实践组冠军，2014级本科生王威团队“建筑分布式能源系统规划评估软件的核心算法开发”项目获科技组二等奖，2016级本科生胡雪雅团队“共享计划，绿色出行——共享新能源汽车发展现状及趋势调查报告”项目和2015级本科生佟佳宁团队“氢气-SCR低温脱硝高效催化剂的设计与合成”项目分别获社会实践组和科技组三

等奖。

2018 年 8 月，2018 级博士生冯云超团队“易田思甜——农林废弃物提取低聚木糖”项目获第四届福建省“互联网＋”大学生创新创业大赛决赛“青年红色筑梦之旅”赛道金奖，指导老师：曾宪海。

2018 年 8 月，2016 级硕士研究生吴少基团队“污泥干化-热解新工艺及设备的开发项目”获“绿色能源、创新引领”首届全国大学生可再生能源科技竞赛二等奖，指导老师：刘运权。

2018 年 11 月，2016 级研究生穆勇帅团队“广源新材——新一代核反应堆用中子吸收材料”项目获首届“能源・智慧・未来”全国大学生创新创业大赛二等奖，指导老师：冉广。

2018 年 12 月，2017 级本科生郑陈熙团队“源梦未来——基于 STEM 教育探索的新能源知识普及志愿服务项目”获得第四届中国青年志愿服务项目大赛全国银奖，指导老师：孙佳、黄诗雨。

2019 年 8 月，2018 级硕士研究生李嘉臣团队“秸秆变形记——农林废弃物提取低聚木糖的生力军”项目获得第五届福建省“互联网＋”大学生创新创业大赛决赛“青年红色筑梦之旅”赛道金奖，指导老师：曾宪海。2018 级硕士研究生王帅团队“呋喃筑梦——新型环保纺织品原料的领航者”项目获得“青年红色筑梦之旅”赛道银奖，指导老师：唐兴。

2019 年 10 月，2017 级硕士研究生毛朝武团队“新型高性能水下纳米发电机”项目获得第六届中国研究生能源装备创新设计大赛二等奖，指导老师：曹留烜。2018 级硕士研究生李郁昱团队“生物质能户外睡袋”项目获得三等奖，指导老师：刘健。

2019 年 10 月，2018 级硕士生李嘉臣、李郁昱团队“秸秆变形记——农林废弃物提取低聚木糖的生力军”项目获第五届中国“互联网＋”大学生创新创业大赛全国总决赛“青年红色筑梦之旅”赛道金奖。

2019 年 8 月，2018 级本科生廖光清“农林废弃物制备高附加值生物质基聚酯单体——呋喃二甲酸”项目获第十二届全国大学生节能减排社会实践与科技竞赛三等奖，指导老师：唐兴。

2019 年 11 月，2018 级博士生“服务地方经济发展实践团”获得福建省优秀实践团队表彰。

2019 年 11 月，2017 级本科生林毅任队长的“XMU-China”团队获国际遗传工程机器大赛（IGEM）金奖。

第五章
学术成就

第一节　获奖学术成果

2015 年，陈朝教授荣获“2015 年中国产学研合作促进会创新奖”。

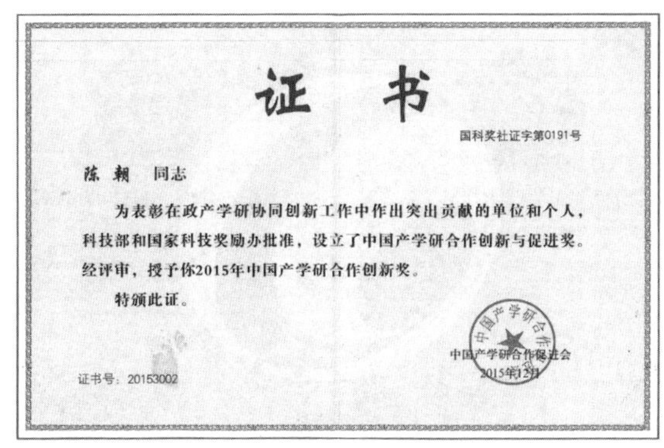

证　书

国科奖社证字第0191号

陈朝　同志

为表彰在政产学研协同创新工作中作出突出贡献的单位和个人，科技部和国家科技奖励办批准，设立了中国产学研合作创新与促进奖。经评审，授予你2015年中国产学研合作创新奖。

特颁此证。

中国产学研合作促进会
2015年12月

证书号：20153002

2016 年，陈朝教授荣获“厦门市科学技术进步奖二等奖”。

厦门市科学技术进步奖

证　书

为表彰厦门市科学技术进步奖获得者，特颁发此证书。

获奖项目：高品质LED照明与显示关键器件的研发和在线检测及其产业化

获 奖 者：陈杰、吕毅军、沈亚锋、陈忠、陈朝、李玉江、林岳、肖俊

奖励等级：二等奖

奖励日期：2016年12月

证书编号：2016-2-08-5

厦门市人民政府
二〇一六年十二月

2016 年，“农业废弃物清洁水解制备柴油代用燃料联产化学品关键技术”获得河南省科学技术进步一等奖。厦门大学为第二完成单位，能源学院林鹿教授

为第二完成人，曾宪海教授为第八完成人，孙勇副教授为第十一完成人。

№ 0056769

河南省科学技术进步奖
证　书

为表彰河南省科学技术进步奖获得者，特颁发此证书。

项目名称：农业废弃物清洁水解制备柴油代用燃料联产化学品关键技术
奖励等级：壹等奖
获 奖 者：厦门大学

证书号：2016-J-7-D02/03

№ 0056754

河南省科学技术进步奖
证　书

为表彰河南省科学技术进步奖获得者，特颁发此证书。

项目名称：农业废弃物清洁水解制备柴油代用燃料联产化学品关键技术
奖励等级：壹等奖
获 奖 者：林鹿

证书号：2016-J-7-R02/15

№ 0056760

河南省科学技术进步奖
证　书

为表彰河南省科学技术进步奖获得者，特颁发此证书。

项目名称：农业废弃物清洁水解制备柴油代用燃料联产化学品关键技术
奖励等级：壹等奖
获 奖 者：曾宪海

证书号：2016-J-7-R08/15

№ 0056763

河南省科学技术进步奖
证　书

为表彰河南省科学技术进步奖获得者，特颁发此证书。

项目名称：农业废弃物清洁水解制备柴油代用燃料联产化学品关键技术
奖励等级：壹等奖
获 奖 者：孙勇

证书号：2016-J-7-R11/15

2017 年，"高安全陶瓷隔膜及其在动力锂离子电池中的应用"获福建省科学技术进步奖二等奖，能源学院张鹏副教授为第四完成人。

国家知识产权局

中国专利优秀奖

专利号　ZL201410327092.4

发明人　赵金保　张鹏　石川

国家知识产权局局长

国家知识产权局

为表彰福建省科学技术进步奖获得者，特颁发此证书。

获奖项目：高安全陶瓷隔膜及其在动力锂离子电池中的应用

获奖者：赵金保、肖亚洲、怀永建、张鹏、潘芳芳、王静、王海文

奖励等级：二等奖

奖励日期：2017 年 9 月

证书编号：2016-J-2-015-01

二〇一七年九月

2018 年，“一种锂离子电池陶瓷隔膜粘结剂的选择办法”（ZL20140327092.4）获得中国专利优秀奖，能源学院张鹏副教授为第二发明人。

2019 年，“木质纤维高效分离及功能材料制备技术及应用”项目获得中国轻工业联合会技术发明一等奖，厦门大学作为第二完成单位、能源学院曾宪海教授为第二完成人。

中国轻工业联合会科学技术发明奖

证 书

为表彰中国轻工业联合会科学技术发明奖获得者，特颁发此证书。

项目名称：木质纤维高效分离及功能材料制备技术及应用

奖励等级：一等奖

获 奖 者：许 凤 曾宪海 查瑞涛 张学铭 张凤山 何在祥

中国轻工业联合会

2020 年 1 月 19 日

证书号：2019-F-1-1

中国轻工业联合会科学技术发明奖

证 书

为表彰中国轻工业联合会科学技术发明奖获得者，特颁发此证书。

项目名称：木质纤维高效分离及功能材料制备技术及应用

奖励等级：一等奖

获 奖 者：北京林业大学 厦门大学 国家纳米科学中心 山东银鹰股份有限公司 山东华泰纸业股份有限公司

证书号：2019-F-1-1

2018 年，吴一纯因作为编委在“IEEE 1012-2016 IEEE Standard for System, Software and Hardware Verification and Validation”国际标准制定中的突出贡献，受到电气电子工程师学会（IEEE）的表彰。能源学院先后于 2009 年、2013 年和 2015 年面向国内核电领域举办了三次核电站数字化仪控系统与软件验证与确认研讨会，积极推动《IEEE 1012 系统、软件和硬件验证与确认标准》在国内的推广应用。

Certificate of Appreciation

The IEEE Standards Association acknowledges with appreciation

Yichun Wu

for outstanding contributions to the development of

IEEE Standard 1012™-2016

IEEE Standard for System, Software, and Hardware Verification and Validation

IEEE

Konstantinos Karachalios
Managing Director, IEEE-SA

F. Donald Wright
President, IEEE-SA

2019 年，“沿海地区新能源微电网高可靠供电关键技术与应用”获福建省科学技术进步奖二等奖，能源学院孟超工程师为第七完成人。

为表彰福建省科学技术进步奖获得者，特颁发此证书。

获奖项目：沿海地区新能源微电网高可靠供电关键技术与应用

获 奖 者：范元亮、陶以彬、李相俊、杨 苹、桑丙玉、吴 涵、孟 超

奖励等级：二等奖

奖励日期：2019年9月

证书编号：2018-J-2-007-07

二〇一九年九月

第二节　主要著作与论文

一、主要著作

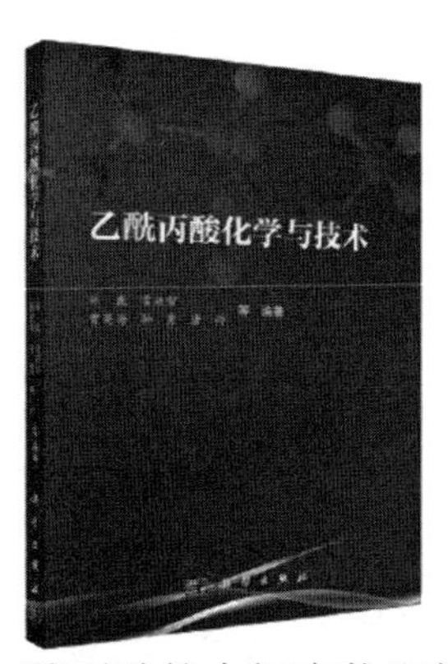

(1)《乙酰丙酸化学与技术》,科学出版社出版,林鹿、雷廷宙、曾宪海、孙勇、唐兴著

该书较为全面系统地介绍了生物质基乙酰丙酸及其关联平台化合物(包括 5-羟甲基糠醛、糠醛及糠醇)化学与技术进展,包括其催化制备体系及其在化学品、材料和能源领域广泛的潜在应用。全书共 8 章,包括乙酰丙酸生产的意义与前景、纤维素的酸水解化学、乙酰丙酸合成途径与技术、乙酰丙酸酯合成途径与技术、生物质转化乙酰丙酸的中间产物即糠醛与糠醇化学以及 5-羟甲基糠醛化学、乙酰丙酸(酯)合成新型平台分子 γ-戊内酯、乙酰丙酸及其中间产物转化合成含氮化合物等。

(2)《生物质水解转化酯类燃料及化学品》，科学出版社出版，雷廷宙、林鹿、王志伟著。

该书较为全面系统地介绍了生物质基酯类燃料及与其相关联的平台化合物(如乙酰丙酸、糠醛、糠醇、5-羟甲基糠醛等)的研究进展情况，并对酯类燃料进行综合评价。全书共 6 章，包括概述、生物质基乙酰丙酸的制取技术、生物质基乙酰丙酸酯类燃料制取技术、乙酰丙酸中间产物化学品制取技术、酯类车用替代燃料的复配技术和生物质水解转化酯类燃料及化学品的综合评价等。

(3)《核电站数字化仪控系统软件验证和确认实用手册》，厦门大学出版社出版，杨永祥、丁军著。

核电需要核安全文化、责任感，到目前为止，大的核电事故都是人为引起的。在 1973 年第一次石油危机后，油价暴涨，极大地推动了世界核电事业的发展，核电的快速发展使当时核电技术储备不足和核安全文化薄弱的问题暴露无遗，各地核电厂事故频发，甚至发生了 1979 年的三里岛事故和 1986 年的切尔诺贝利核事故。为了保障核电的安全，各核电国家开始纷纷建立核安全与管理监督机构，加强核安全文化建设，并逐渐完善纵深防御的设计理念。

(4)《先进核电技术经济性分析》，清华大学出版社出版，黄光晓、郭奇勋著。

核电作为一种绿色清洁能源，在许多发达国家的发展已近成熟，而在国内仍有很大发展空间。要推动新一代的核电技术大规模商业化运营，就必须在保障更高的安全性的前提下进一步提高其经济性，使之能够与传统化石能源和新兴的可再生能源竞争。

该书对国外先进核电技术资料进行了梳理，通过对具有代表性的第三代核电技术(如 AP1000)和第四代核电技术(如钠冷快堆 SFR)，以及小型堆、行波堆等创新概念技术的技术经济特性进行归纳和总结，提出了不同代际和不同路线的先进核电技术的技术经济性分析基本框架，并对各种技术特点对核电发电成本的影响进行了敏感性分析，提出一些具有较高实际应用价值的观点。本书适合核电及能源经济相关专业学生作为教材与参考书，也适合相关研究人员、企业技术人员、管理人员阅读，并对相关政策制定有很大参考价值。

(5)《核燃料循环的未来》，厦门大学出版社出版，郭奇勋 、李宁译。

《核燃料循环的未来》是美国麻省理工学院的研究成果，厦门大学能源学院翻译引进，研究目的是将目光集中到利于扩展美国核电项目的关键技术上，并关注这些技术选择对短期政策的影响。特别是 2011 年福岛事故之后的问题如何解决对未来核能和未来所需的核燃料循环选择有着重大意义。本书研究者希望这本书能在未来几年为政府、公众和个人决策过程提供建设性意见。

(7)《点亮蜡烛：一种创新性核反应堆燃耗策略》，中国原子能出版社出版，张尧立、郭奇勋译。

本书是行波堆创始人 Hiroshi Sekimoto 教授的研究成果，厦门大学能源学院翻译引进。本书介绍“蜡烛堆”的燃耗策略，可以用于实现一种具备安全性、核不扩散性、燃料可持续性和废物排放量少的小型长寿命反应堆。如果将“蜡烛堆”的燃耗策略用于一个采用金属燃料和钠冷却剂的大型快堆，就有可能设计一种性能优越的核反应堆，同时满足经济性、安全性、核不扩散性以及燃料可持续性的要求。

二、SCI（影响因子≥10）论文清单

SCI(影响因子≥10)论文清单见表 5-1。

表 5-1 SCI(影响因子≥10)论文清单

序号	论文题名	发表期刊(包括卷,期,起止页码)	刊物级别(影响因子)	发表年月	作者
1	In situ generated li_2s-c nanocomposite for high-capacity and long-life all-solid-state lithium sulfur batteries with ultrahigh areal mass loading	Nano Letters. 19（5）：3280—3287	1 区 (12.279)	201905	Yan Hefeng; Wang Hongchun; Wang Donghao; Li Xue; Gong Zhengliang; Yang Yong
2	Angle-shaped triboelectric nanogenerator for harvesting environmental wind energy	Nano Energy,(56):269-276	1 区 (15.548)	201902	Lin Hongbin; He Minghui; Jing Qingshen; Yang Weifeng; Wang Shutang; Liu Ying; Zhang Yaoli; Li Jing; Li Ning; Ma Yanwen; Wang Lianhui; Xie Yannan

续表

序号	论文题名	发表期刊（包括卷，期，起止页码）	刊物级别（影响因子）	发表年月	作者
3	Visualization of facet-dependent pseudo-photocatalytic behavior of TiO_2 nanorods for water splitting using in situ liquid cell TEM	Nano Energy，v 62：507-512	1区 (15.548)	201908	Yin Zu wei；Betzler Sophia B；Sheng Tian；Zhang Qiubo；Peng Xinxing；Shangguan Junyi；Bustillo Karen C；Li Jun tao；Sun Shi gang；Zheng Haimei
4	A flexible Cu-based catalyst system for the transformation of fructose to furanyl ethers as potential bio-fuels	Applied Catalysis B：environmental，258：117793	1区 (14.229)	201911	Wei Junnan；Wang Ting；Cao Xuejuan；Liu Huai；Tang Xing；Sun Yong；Zeng Xianhai；Lei Tingzhou；Liu Shijie；Lin Lu

续表

序号	论文题名	发表期刊(包括卷,期,起止页码)	刊物级别(影响因子)	发表年月	作者
5	Exploring the impact space of different technologies using a portfolio constraint based approach for multi-objective optimization of integrated urban energy systems	Renewable & Sustainable Energy Reviews, 113:109249	1区(10.556)	201910	Jing Rui; Kuriyan Kamal; Kong Qingyuan; Zhang Zhihui; Shah Nilay; Li Ning; Zhao Yingru
6	Toward a durable solid electrolyte film on the electrodes for Li-ion batteries with high performance	Nano Energy, 63:103815	1区(15.548)	201909	Zhao Weimin; Zheng Bizhu; Liu Haodong; Ren Fucheng; Zhu Jianping; Zheng Guorui; Chen Shijian; Liu Rui; Yang Xuerui; Yang Yong

续表

序号	论文题名	发表期刊(包括卷,期,起止页码)	刊物级别(影响因子)	发表年月	作者
7	Interfacing pristine C_{60} onto TiO_2 for viable flexibility in perovskite solar cells by a low-temperature all-solution process	Advanced Energy Materials, 8(20):1800399	1 区 (15.621)	201807	Zhou Yaqing, Wu Baoshan , Lin Guanhua, Xing Zhou, Li Shuhui, Deng Linlong, Chen Dichun, Yun Daqin, Xie Suyuan
8	A flexible photo-thermoelectric nanogenerator based on MoS_2/PU photothermal layer for infrared light harvesting	Nano Energy, 49: 588-595	1 区 (12.279)	201807	He Minghui, Lin Yu Jhen, Chiu Che Min, Yang Weifeng, Zhang Binbin, Yun Daqin, Xie Yannan, Lin Zonghong
9	On the origin of ion selectivity in ultrathin nanopores: Insights for membrane-scale osmotic energy conversion	Advanced Functional Materials, 28(39):1804189	1 区 (15.621)	201809	Cao Liuxuan, Wen Qi, Feng Yaping, Ji Danyan, Li Hao, Li Ning, Jiang Lei, Guo Wei

续表

序号	论文题名	发表期刊(包括卷,期,起止页码)	刊物级别(影响因子)	发表年月	作者
10	Interfacial interaction between FeOOH and Ni—Fe LDH to modulate the local electronic structure for enhanced OER electrocatalysis	ACS Catalysis, 8(12): 11342-11351	1 区 (12.221)	201811	Chen Jiande; Zheng Feng; Zhang Shaojian; Fisher Adrian; Zhou Yao; Wang Zeyu; Li Yuyang; Xu Binbin; Li Juntao; Sun Shigang
11	Chemoselective hydrogenation of biomass derived 5-hydroxymethyl furfural to diols: Key intermediates for sustainable chemicals, materials and fuels.	Renewable and Sustainable Energy Reviews, 77:287-296	1 区 (10.556)	201709	Tang Xing; Wei Junnan; Ding Ning; Sun Yong; Zeng Xianhai; Hu Lei; Liu Shijie; Lei Tingzhou; Lin Lu *

续表

序号	论文题名	发表期刊（包括卷，期，起止页码）	刊物级别（影响因子）	发表年月	作者
12	Anomalous channel-length dependence in nanofluidic osmotic energy conversion	Advanced Functional Materials, 27(9):1604302	1区（15.621）	201703	Cao Liuxuan; Xiao Feilong; Feng Yaping; Zhu Weiwei; Geng Wenxiao; Yang Jinlei; Zhang Xiaopeng; Li Ning; Guo Wei＊.; Jiang Lei
13	Synthesis-cum-assembly toward hierarchical nanoarchitectures	Coordination Chemistry Reviews, 352:291-305	1区（13.476）	201711	Zhou Yao; Li Juntao; Sun Shigang
14	Water soluble binder, an electrochemical performance booster for electrode materials with high energy density	Advanced Energy Materials, 7(24): 1701185	1区（24.884）	201712	Li Juntao; Wu Zhanyu; Lu Yanqiu; Zhou Yao; Huang Qisen; Huang Ling; Sun Shigang

续表

序号	论文题名	发表期刊(包括卷,期,起止页码)	刊物级别(影响因子)	发表年月	作者
15	A rational design of separator with substantially enhanced thermal features for lithium-ion batteries by the polydopamine-ceramic composite modification of polyolefin membranes	Energy & Environmental Science,2016,9(10):3252-3261.	1 区 (25.427)	201602	Dai Jianhui; Shi Chuan; Li Chao; Shen Xiu; Peng Longqing; Wu Dezhi; Sun Daoheng; Zhang Peng; Zhao Jinbao *
16	$Cu_3(PO_4)_2/C$ composite as a high-capacity cathode material for rechargeable Na-ion batteries	Nano Energy,2016,27:420-429.	1 区 (11.553)	201609	Zhao Wengao; Zhong Guiming; McDonald Matthew J; Gong Zhengliang; Liu Rui; Bai Jingyu; Yang Chun; Li Shiguang; Zhao Weimin; Wang Hongchun; Fu Riqiang; Jiang Zheng; Yang Yong *

续表

序号	论文题名	发表期刊（包括卷，期，起止页码）	刊物级别（影响因子）	发表年月	作者
17	Recent advances in the research of polyanion-type cathode materials for Li-ion batteries	Energy & Environmental Science，4（9）：3223-3242	1 区（10.005）	201109	Gong Zhengliang；Yang Yong

第三节　主要研究课题

一、国家级项目

国家级项目见表 5-2。

表 5-2　国家级项目

序号	项目名称	负责人	立项年度	项目级别
1	低碳混合醇绿色化学合成与精准分离技术	林　鹿	2019	重点研发计划课题
2	油脂连续热化学转化制备高品质生物柴油关键技术	郑志锋	2019	重点研发计划课题
3	合成气定向生物合成乙醇与低耗提纯技术	曾宪海	2019	重点研发计划子课题

续表

序号	项目名称	负责人	立项年度	项目级别
4	离子辐照下铅冷快堆用铁素体马氏体钢包壳材料的原位动态力学性能检测和失效机制研究	冉　广	2019	联合基金重点项目
5	利用重离子束探针诊断研究高约束模式下芯部输运垒形成的微观机制	张　建	2019	联合基金重点项目（参与）
6	5-羟甲基糠醛一锅体系中催化制备生物质基邻苯二甲酸酐的反应途径与机制研究	孙　勇	2019	基金委面上项目
7	Ca_2^+与邻位羟基、甲氧基酚选择性配位反应过程调控及机理研究	王　夺	2019	基金委面上项目
8	纤维素在低共熔双相体系中转化为5-氯甲基糠醛的途径与机制	曾宪海	2019	基金委面上项目
9	实时原位研究钨中氢与氦相互作用机制及其缺陷演化行为	冉　广	2019	基金委面上项目
10	纤维素分子在跨相表界面体系中的定向催化转化机理研究	刘　健	2019	基金委面上项目
11	固态电池失效机制与评价方法研究	龚正良	2018	重点研发计划子课题
12	高分子聚合物用于稳定高比能负极材料界面及其机理研究	李君涛	2018	基金委面上项目
13	氨水制氢液流电解池的构建及其提高能效与反应速度的机理研究	王兆林	2018	基金委面上项目
14	Cr涂层Zr-4合金的研制及其辐照与腐蚀行为研究	冉　广	2018	联合基金培育项目
15	金属锂负极/石榴石结构固体电解质界面问题研究	龚正良	2018	基金委面上项目

续表

序号	项目名称	负责人	立项年度	项目级别
16	电-热-冷-气-储网络的多源协同能量管理与运行优化	赵英汝	2018	基金委面上项目
17	锂金属负极的电极/电解质界面研究与设计优化	张　鹏	2018	基金委面上项目
18	5价Bi离子氧化物锂电池电极材料的电化学性能以及同步辐射原位构效关系研究	龚正良	2017	基金委面上项目(参与)
19	碳水化合物催化合成5-氨甲基-2-羟甲基呋喃的反应途径与机制	孙　勇	2017	基金委面上项目
20	锂离子电池硅基负极材料电极过程的原位/非原位谱学研究	李君涛	2017	基金委国际(地区)合作与交流项目
21	负载双金属催化5-羟甲基糠醛还原醚化非外源氢体系的构建与机制研究	唐　兴	2017	基金委青年科学基金项目
22	基于植物生物质的配位聚合物胶体颗粒及其衍生物的绿色合成过程与机理探究	周　尧	2017	基金委青年科学基金项目
23	净零能耗建筑关键技术研究与示范	张风燕	2016	重点研发计划子课题
24	纤维素制γ-戊内酯非外源氢催化体系的构建与机制研究	林　鹿	2016	基金委面上项目
25	基于摩擦纳米发电机的柔性可穿戴自驱动紫外光电探测系统及其相关机理研究	谢燕楠	2016	基金委青年科学基金项目
26	共轭聚合物对钙钛矿薄膜的界面自组装及其光伏器件稳定性的研究	郑灵灵	2016	基金委青年科学基金项目

续表

序号	项目名称	负责人	立项年度	项目级别
27	低共熔生物质单糖制备 5-氨基乙酰丙酸的合成机制与调控	曾宪海	2015	基金委青年科学基金项目
28	锂离子电池功能化复合聚合物电解质的制备及性能研究	张　鹏	2015	基金委青年科学基金项目
29	离子径迹法制备纳米孔道的温差电效应研究	曹留烜	2014	基金委青年科学基金项目
30	气固两相流中颗粒形体因素影响静电产生的机理研究	姚　军	2013	基金委面上项目
31	锂离子二次电池高比容电极材料非水界面过程的谱学研究	李君涛	2013	基金委面上项目
32	$Na_2F_ePO_4F$ 储钠机理的电化学原位 XRD/XAFS 方法研究	龚正良	2013	基金委青年科学基金项目
33	聚变环境中晶体取向对金属钨辐照行为的影响	冉　广	2013	基金委青年科学基金项目
34	纤维素三相水解机理的研究	刘　健	2013	基金委青年科学基金项目
35	木质素液相解聚过程中的溶剂效应研究	叶跃元	2013	基金委青年科学基金项目
36	离子径迹法制备纳米孔及其能量转化与物质输运研究	曹留烜	2013	基金委重点项目(参与)
37	生物质化学催化制备含氧燃料新技术	刘运权	2012	863 计划子课题
38	辐照效应实时原位分析装置的联机部件研制	李　宁	2012	基金委重大仪器项目(自由申请)

续表

序号	项目名称	负责人	立项年度	项目级别
39	氢碘酸还原多元醇一步法制备高碳烃液体燃料的研究	刘运权	2012	基金委面上项目
40	智能型钢筋混凝土缓蚀剂及作用机理研究	董士刚	2012	基金委青年科学基金项目
41	络合萃取法提取生物油酚类化合物的效能及机理研究	王　夺	2012	基金委青年科学基金项目
42	$A_4Zr_3O_{12}$陶瓷材料的高温辐照损伤机理研究	张　建	2012	基金委青年科学基金项目
43	生物质气化燃料电池-燃气轮机(BGFC-GT)一体化多联产系统的全局优化集成策略研究	赵英汝	2012	基金委青年科学基金项目
44	生物质细胞壁组分结构解译与组分键合机制	龙敏南	2011	“973 计划”子课题
45	灰绿曲霉纤维素酶高效表达与调控机理	龙敏南	2011	基金委面上项目
46	生物质基葡萄糖 4 位脱水同步生成羟基乙醛和 1,3-二羟基丙酮的机理及调控研究	孙　勇	2011	基金委青年科学基金项目
47	锂离子电池纳米材料电极界面过程的 FTIRS、EQCM 原位研究	李君涛	2010	基金委青年科学基金项目
48	基于图论的无线传感器网络拓扑控制算法研究	缪惠芳	2010	基金委专项基金项目数学天元基金

续表

序号	项目名称	负责人	立项年度	项目级别
49	纤维素生物质转化制燃料酒精	龙敏南	2009	科技部国际科技合作项目

二、省部级和地方项目

省部级和地方项目见表5-3。

表5-3　省部级和地方项目

序号	项目名称	负责人	立项年度	项目级别
1	福建省生物质清洁高值化技术工程研究中心	林　鹿	2019	福建省发改委平台项目
2	高安全性高比能全固态锂硫电池开发	龚正良	2019	福建省科技计划引导性项目
3	藻生物质在低共熔双相体系中绿色转化为5-氯甲基糠醛的途径与机制	曾宪海	2019	福建省科技计划杰出青年基金项目
4	一株真菌的纤维素酶基因表达调控因子筛选与评估	甘礼惠	2019	厦门市切块化经费管理青年项目
5	海洋紫球藻培育与藻红蛋白中试生产技术攻关	曾宪海	2018	福建省海洋渔业厅
6	低碳环保型的氨(NH_3)燃料发电机技术	王兆林	2018	福建省高校产学合作科技重大项目
7	区域能源网络的智能优化与调度运行技术开发	赵英汝	2018	福建省科技计划引导性项目

续表

序号	项目名称	负责人	立项年度	项目级别
8	柔性超薄 HIT 异质结太阳能电池研究	何　嵩	2017	福建省科技计划引导性项目
9	竹材生物制备高附加值竹微晶纤维及低聚木糖产业化技术开发	林　鹿	2016	福建省发改委产业技术研究开发项目
10	污泥干化-热解新工艺及设备的开发	刘运权	2016	福建省经信委企业技术创新专项
11	基于有向图的核电站数字化仪控系统安全分析技术研究	缪惠芳	2016	福建省科技计划引导性项目
12	核电站用不间断电源关键技术研究及验证	孟　超	2016	福建省高校产学合作科技重大项目
13	用于柴油辅助燃烧车载甲醇供氢系统开发	刘运权	2016	福建省高校产学合作科技重大项目
14	有源滤波与无功补偿设备研发及产业化	孟　超	2016	厦门市科技项目(参与)
15	壳寡糖生产用酶产业化关键技术攻关	刘　健	2015	福建省海洋渔业科技项目(参与)
16	紫球藻合成花生四烯酸(ARA)的机理研究	曾宪海	2015	厦门市科技计划项目
17	厦门市生物质清洁高值化利用重点实验室建设经费	林　鹿	2015	厦门市科技局平台项目
18	低成本、高效率第三代硅基异质结新型太阳能电池的研发	程其进	2015	福建省科技计划引导性项目
19	滩涂大米草制备低聚木糖保健品关键技术攻关	刘　健	2014	厦门市其他局(委)科技项目
20	滩涂大米草高值化综合利用关键技术与示范	刘　健	2014	福建省海洋渔业科技项目(参与)

续表

序号	项目名称	负责人	立项年度	项目级别
21	厦门市农产品高值化与生物能源科技创新平台	林 鹿	2014	厦门市重大产业科技项目
22	电池用石墨烯产品的研究	龚正良	2014	厦门市科技计划项目
23	高密度培养微藻生产花生四烯酸(ARA)的技术研究	曾宪海	2014	福建省海洋渔业科技项目
24	太阳能建筑一体化微电网智能能源管理系统开发	张风燕	2013	福建省经信委企业技术创新专项
25	木薯催化转化制备新型生物燃料乙酸丙酰酯的生产技术研发	林 鹿	2013	福建省高校产学合作科技重大项目
26	事故工况下核电站辐射检测仿真研究	李 宁	2013	福建省科技计划重点项目
27	厦门大学能源研究院太阳能光电建筑一体化应用示范项目	张风燕	2012	住房与城乡建设部
28	太阳能建筑一体化微电网智能能源管理系统开发	张风燕	2012	福建省企业技术创新专项项目
29	高性能锂离子动力电池电极材料	李君涛	2012	厦门市科技计划项目
30	核电站材料监测管理、失效预防及消除技术的开发和应用	李 宁	2011	福建省发改委重大产业化项目
31	新型生物燃料化合物乙酰丙酸酯生产技术开发与示范	林 鹿	2011	福建省经信委企业技术创新专项
32	钼靶材的研发及其在铜铟镓硒薄膜太阳能电池领域的应用	张风燕	2011	厦门市科技计划项目
33	多级下吸式生物质气化炉的开发	刘运权	2010	福建省经信委企业技术创新专项

续表

序号	项目名称	负责人	立项年度	项目级别
34	新能源与节能减排关键技术、重大科技项目和技术创新平台	龙敏南	2010	福建省科技计划软科学项目
35	海西核能工程技术研究中心核电数字化仪控技术研发平台信息管理系统	李　宁	2009	福建省科技创新平台建设计划项目
36	生物质快速热解制生物燃油	龙敏南	2009	福建省经信委企业技术创新专项
37	高纯硅中敏感杂质的形态分析及除去工艺研发	高文秀	2008	福建省经信委企业技术创新专项
38	光伏产业关键技术研发及科技公共服务平台建设	陈　朝	2007	福建省经信委企业技术创新专项项目

三、横向项目（合同经费≥100 万元）

横向项目(合同经费≥100 万元)见表 5-4。

表 5-4　横向项目简介

序号	项目名称	项目负责人	立项年度
1	循环分离技术及应用研发中心	郑志锋	2019
2	生物质气化、热解技术研发	王　夺	2019
3	燃料电池新型电催化剂及其界面反应机理	李剑锋	2019
4	石油焦制备超级电容活性炭技术	刘运权	2018
5	ATF 包壳材料离子辐照试验	王鲁闽	2017
6	环保型生物质组分分离与纸浆产业化技术开发	林　鹿	2017

续表

序号	项目名称	项目负责人	立项年度
7	厦门大学能源学院-金隆昌氨能源及动力联合研发中心	郑淞生	2017
8	新型生物质糖(低聚木糖)产业化技术开发	林　鹿	2015
9	多离子束加速器与透射电子显微镜联机设施实验室	王鲁闽	2014
10	锆合金离子辐照评估试验	冉　广	2014
11	直流微电网技术开发	张风燕	2013
12	竹材加工过程能源高效利用与工艺优化	龙敏南	2013
13	建设核废料处置场技术评估	姚　军	2012
14	行波堆预研及经济性分析	李　宁	2012
15	电池用石墨烯产品的研究	杨　勇	2011

四、高水平学术期刊任职

能源学院教师在高水平学术期刊任职情况见表 5-5。

表 5-5　高水平学术期刊任职

姓名	期刊名	职务
林　鹿	Journal of Bioprocess Engineering and Biorefinery	编委
	Journal of Bio-Based Materials and Bioenergy	编委
曾宪海	Frontiers in Chemical Engineering	编委
	Bioresources and Bioprocessing	编委
孙毅飞	Frontiers in Chemical Engineering	编委
	Frontiers in Energy Research	编委

续表

姓名	期刊名	职务
赵英汝	Applied Energy	编委
	Progress in Energy	编委
	Frontiers in Chemical Engineering	编委
	Frontiers in Energy Research	编委
	Energies	编委
	全球能源互联网	特约主编
冉　广	Frontiers in Energy Research	编委
	金属热处理	编委

注:排名不分先后。

第四节　主办(承办)高水平学术会议(论坛)

一、核电数字化仪控研讨会

数字化仪控系统是核电站的“中枢神经”系统,核电站的安全性、可靠性、经济效益等可通过先进数字化仪控技术得到很大的提高和改善。能源学院自2009年以来举办了多场数字化仪控技术培训和会议:核电数字化仪控技术培训,数字化仪控系统与软件的验证与确认研讨会,数字化仪控系统概率风险评估研讨会,邀请美国等国家和中国台湾有丰富工程实践的专家,为国内三大核电集团和行业企业提供数字化仪控系统技术培训和研讨,共同探讨核电数字化仪控系统发展的最新技术进展与政策,旨在推动核能的安全高效发展,为国内政府部门、企事业单位发展相关技术以及政策、法规的制定提供高层次的技术交流平台。

核电数字化仪控研讨会

二、中国能源环境高峰论坛——海峡西岸峰会

2011 年 1 月 7—9 日，“中国能源环境高峰论坛——海峡西岸峰会”在厦门大学召开。峰会由厦门大学主办，能源研究院和厦门市湖里区政府联合承办，得到了中国人民银行研究局、国家核电技术公司、中国广东核电集团公司的大力支持，是庆祝“厦门大学 90 周年校庆”系列活动的首场大型学术会议。

峰会以“新能源：融与能源”为主题，通过深度分析国内外新能源行业现状，权威解读政府有关新能源政策，深入剖析新能源重大技术问题，科学引入多领域专家的理性思考等多个方面，共同研究和探讨在新形势下，政府如何加强能源领域的支持力度和宏观调控，企业如何把握新能源产业的技术热点和发展方向，学界如何更好地配合和支持新能源产业的发展等一系列关乎能源发展的重要问题，进一步加强政府、企业和学界的智慧碰撞和思维交流，力求形成更大范围和更大程度的相互交流和协作，推动我国能源相关战略性新兴产业升级与结构调整，促进经济建设的发展。

中国能源环境高峰论坛——海峡西岸峰会

先进核能分会场：海峡两岸20多个单位近60位代表分别针对当前大陆和台湾的核电发展现状及趋势，先进核能系统（行波堆、熔盐堆、超临界水堆、快中子堆）技术，核能技术对核材料科学与工程的挑战，核聚变堆材料，核物理分析技术，非能动安全壳冷却系统传热行为的模拟计算与试验验证，仿真模拟器与核电厂数字化仪控验证，大型核电的调频调峰技术，以及核安全保障与监管，核辐射检测等主题做精彩的报告，并进行热烈的交流与讨论。

金融与能源分论坛：来自厦门大学、中国人民银行研究局、中国能源环境高峰论坛秘书处、厦门市湖里区人民政府及金融单位的50名多名专家学者们参会。中国人民银行研究所课题组就海西区域性金融服务中心规划研究做了专题报告，与会专家学者对建立海西区域性金融服务中心的可行性做了充分论证，并对厦门市建立海西区域性金融服务中心提出了若干建设性建议，包括建设海西区域性金融服务中心的构想及建议相关部门紧抓机遇推动海西区域性金融服务中心建设，列入省、市"十二五"规划，作为重点工程来抓等。

生物能源分会场：近百名来自各个高校和企业的专家学者各自介绍了在各个研究领域的研究成果和发展方向，一致认为生物能源产业是个大产业，要经历实验验证阶段、中试技术开发阶段和产业化示范阶段艰苦的历程，单靠少数人努力难以完成，需要团体协作，共同为发展生物能源产业而奋斗。

化学电源分会场：来自30多个高校和企业的60多名代表对电化学能源材料、超级电容、锂离子电池和电动汽车等相关方面的内容进行了深入的研讨。

光伏发电分会：50 多位高校和企业的专家学者参会，内容涉及物理冶金法多晶硅提纯、铜铟镓硒薄膜太阳能电池、黑硅太阳能电池、柔性非晶硅太阳电池、小分子型有机太阳能电池和太阳能聚光发电等方面。

三、“核电安全、技术与核工程教育”国际研讨会

2011 年 5 月 12—15 日，能源研究院联合国家环境保护部核与辐射安全中心，邀请美国密歇根大学 6 位教授，和大陆与台湾核电企业、研发机构、教学单位的 100 多位代表共同探讨日本福岛核电事故阴影下的核电安全技术与核工程教育等议题。我国核电进入了大规模发展阶段，但在核科学与工程技术研发、教育和人才储备等方面大大落后于美欧、日本等发达国家和地区，与行业技术发展和产能扩张极不匹配。日本福岛核电站危机的发生与恶化，为我国核电发展敲响了警钟：核电安全规划应先于核电建设规划，必须加强建设国际核安全交流平台，持续不断地完善核电安全监督和文化建设，提高核电工程设计和建设质量；深入学习核电相关理论和经验教训，增强核电技术和管理人员的业务能力，培养大批优秀核电专业人才。

经过研讨，与会人员都相信，福岛核事故为全世界的核电敲响警钟，但也不能“因噎废食”，无论如何，核电还是一种安全、清洁的能源。福岛核事故并不会改变也不应该改变中国发展核电的决心。

“核电安全、技术与核工程教育”国际研讨会

四、核能与核燃料循环国际论坛

为了保障核能的安全、高效、可持续发展，如何建设、完善核燃料循环，包括安全处置与合理利用核废料等，已经成为包括我国在内的世界各大核能国家与行业关注的重大战略问题和日益强烈的长期共同需求。能源学院在英国繁荣基金、美国卡耐基基金会、美国泰拉能源、中国核能行业协会、环保部核与辐射安全中心等的支持下，2012 年、2013 年、2014 年、2015 年、2016 年连续举办了五届“核能与核燃料循环国际论坛”，邀请中、英、美等国专家学者和政府官员，探讨当今世界核能、核燃料循环及核废料处置方面的技术进展和政策趋势，旨在推动核能业界的技术与政策交流，促进核能领域的行业与国际合作，同时为在政府部门、企业和科研机构从事相关工作的决策、管理和服务人员、技术骨干和业务开发人员提供一个高层合作交流平台。

核能与核燃料循环国际论坛

五、新能源产业发展机遇和投资环境高端论坛

2013 年 5 月 10 日，能源研究院邀请国家能源局原局长张国宝、福建省原副省长李川为企业家主讲“新能源产业机遇与挑战、投资环境与政策”高端论坛。

能源学院邀请国家能源局原局长张国宝主讲高端论坛

为进一步推动福建省新能源产业发展，整合新能源产业技术、人才、资本和市场资源，提升福建省新能源企业创新能力和产业竞争力，张国宝、福建省原副省长李川和李宁教授为福建省新能源企业高管及省市主管部门领导做主题为“新能源产业机遇与挑战、投资环境与政策”的高端对话与交流，对话重点围绕企业及地方政府关心的新能源产业合作、新能源产业未来发展、新形势下新能源产业的投资与政策、新能源产业协同创新等问题展开。论坛吸引了包括新能源央企、地方国企和中小型民企的众多企业参与，通过讨论，参会者对未来新能源产业发展前景充满信心和希望。

六、第四届生物炼制与生物能源国际会议

为促进国际生物能源及生物炼制行业的发展，第四届生物炼制与生物能源国际会议于 2013 年 12 月 3—5 日在厦门召开。来自中国、美国、加拿大、新加坡、马来西亚、荷兰、日本、韩国、德国、芬兰、西班牙、英国、印度、尼日利亚的境内外 200 多位学者参会。会议由厦门大学、北京化工大学、国际生物炼制学会、美

国纽约州立大学和东南大学能源热转换及其过程测控教育部重点实验室联合主办，并得到厦门市科技局的大力资助。

第四届生物炼制与生物能源国际会议

中国工程院院士、北京化工大学校长谭天伟，厦门大学能源学院副院长林鹿以及厦门市科技局领导出席会议并在开幕式上致辞。各国的杰出专家学者们在大、小会场就各自的研究方向及成果向与会者做了报告并展开讨论。除口头报告外，会议还安排了海报展示环节，研究人员通过文本及图片的形式为与会者展示了自己的研究成果。

生物炼制是以可再生生物资源为原料基础生产能源与化工产品的新型工业模式，通过开发新技术，大幅提高可再生生物资源的利用水平，是降低化石资源消耗的一个有效途径。

七、中德“智能城市过程”双边研讨会

2014 年 6 月 22—26 日，由中德科学中心资助，厦门大学能源学院与德国柏林工业大学共同承办的中德“智能城市过程：科学认识能源系统在规划和设计资源高效型城市中的作用”双边研讨会在厦门成功举行。本次研讨会旨在鼓励推动智能城市过程领域中德两国的研究人员进行跨学科的交流与合作，开展联合研究小组及合作项目。23 位来自中国、7 位来自德国、3 位来自英国的学者嘉宾

出席了本次会议。

中德“智能城市过程”双边研讨会

研讨会期间，来自各国的专家学者围绕城市能源系统综合规划模型、工具的研究与开发，智能城市过程中同时存在的分布式发电、需求响应、储能、多能源网络、交互式模拟工具、智能建筑、城市能源规划和新商业模式等元素之间的集成设计与交互影响等议题进行了深入交流和探讨，并相互表达了合作的意愿与想法。各国科学家一致相信，通过未来更加紧密的交流及具体项目合作，可进一步推动智能城市过程领域的相关研究，产生卓有成效的科研成果。

八、福建省新能源技术综合利用与低碳城镇发展高端论坛

2015 年 3 月 27 日，由厦门大学能源研究院主办、美国能源基金会(中国可持续能源项目)资助的“福建省新能源技术综合利用与低碳城镇发展高端论坛”在厦门举行。论坛邀请专家学者、政府官员及企业代表，围绕能源研究院承担的

美国能源基金会中国可持续能源项目“福建省新型城镇化建设中新能源技术综合利用与产业发展路线图研究”进行研讨。该项目于 2014 年 3 月 1 日启动，研究的主要目标是结合福建省新型城镇化建设中的示范项目开发一套能源系统评估体系，对各种新能源技术的综合利用进行比较、仿真和分析，为福建省新能源技术综合利用提供优化模式。同时，根据福建省新能源产业发展的状况，从产业集聚、技术路径和新能源市场与产业链整合等视角，为未来福建省政府制定新能源产业政策和推动市场创新提供政策建议。

福建省新能源技术综合利用与低碳城镇发展高端论坛

来自新能源领域的 40 余位专家学者及企业代表出席了会议。项目组成员详细报告了各自负责的子课题，来自同济大学高密度智能城镇化协同创新中心、重庆大学城市建设与环境工程学院、美国加州能源环境研究院、厦门大学环境与生态学院等单位的与会专家则针对城市能源系统的模拟开发、国内外可再生能源的利用现状与瓶颈、福建省清洁能源发展策略等议题分享了彼此的经验和见解，为项目组成员提供了宝贵的建议和意见。

九、生物质前沿厦门论坛 2018

生物质前沿论坛 2018

2018 年 10 月 19—22 日，能源学院组织召开生物质前沿厦门论坛。论坛聚焦生物质转化与利用的前沿技术与进展，包括来自中国、美国、加拿大、日本、澳大利亚、印度等国家行业内顶尖专家在内的 70 余位代表参加论坛。论坛为国内外学者提供了充分的交流平台，展示了世界生物质前沿科技创新的成果。论坛的召开进一步提升了我国在生物质领域的科技水平，加强了我国科研工作者与世界各国科学家的对话与合作能力。

十、第五届应用能源：低碳城市及城市能源系统国际研讨会

2019 年 10 月 16 日至 18 日，由国际期刊 *Applied Energy* 主办、能源学院承办的“第五届应用能源：低碳城市及城市能源系统国际研讨会”（CUE 2019—The 5th Applied Energy Symposium: Low Carbon Cities and Urban Energy Systems）在厦门召开。会议由新加坡国立大学、瑞典梅拉达伦大学、伦敦帝国理

工学院和中科院城市环境研究所等单位协办，受到中国工程热物理学会、中国科学技术协会海智计划及福建省科学技术协会的大力支持，吸引了来自中国、美国、韩国、南非、荷兰、英国、新加坡、丹麦、沙特等国家著名高校、研究所近 200 名全球顶尖科学家、权威学者和青年才俊参会，围绕城市能源领域最前沿的技术和科研进展进行交流与讨论。

南方科技大学的美国国家工程院院士张东晓教授、美国劳伦斯伯克利国家实验室国际能源研究部主任周南博士、美国康奈尔大学过程能源环境系统工程研究室主任尤峰崎教授、英国卡迪夫大学吴建中教授分别以能源领域的大数据与机器学习、低碳校园能源系统的多尺度生命周期优化、基于多能耦合技术的城市供暖、低碳城市系统的能效与韧性为主题做大会特邀报告。

第五届应用能源低碳城市及城市能源系统国际研讨会召开

10 月 17 日下午和 18 号，大会进入分会口头报告和墙报展示阶段。大会共组织交通、建筑、工业、环境、综合五大主题 22 场分会，共有 110 个口头报告和 50 余篇墙报展示，与会者围绕智慧城市、低碳与生态城市、储能、分布式能源系统、城市能源系统、大数据与能源、能源系统中的人工智能绿色建筑、综合能源网络与微电网、区块链与工业应用、需求响应与控制、能源政策与经济等问题进行了深入研讨。

Applied Energy 是能源领域的国际权威期刊，最新影响因子为 8.426，ESI 全球 500 余刊物中排名第四，CiteScore 在三个领域排名第一，谷歌学术可持续能源领域排名第二。CUE 国际会议是由 *Applied Energy* 主办的每年一度的能源领域系列专题国际会议，聚焦低碳城市与城市能源系统，提供专注于城市能源系统的平台。会议探讨城市生态与节能创新，转变能源发展方式，加快能源技术

创新，建设清洁低碳、安全高效的现代城市能源体系，并以此来推动发展模式的转变。该会议旨在打造国际一流品牌，建成城市能源系统领域全球杰出科学家合作交流最为活跃的主要基地。

大会为深入交流应用能源领域的最新研究成果提供了国际平台，对推进该领域的国际合作与发展具有深远影响。会议对于提升厦门大学能源领域研究的国际影响力，带动厦门大学在该领域与国外知名院校的深度交流与合作、推动“双一流”建设起到了积极的推动作用。

附录一　大事记

2007 年 9 月，厦门大学能源研究院成立。

2008 年 3 月，学校任命田中群为能源研究院院长、龙敏南为副院长。

2008 年 7 月，能源研究院由映雪一 1 楼搬迁至嘉庚二 6 楼。

2009 年 2 月，“核科学与工程”、“光伏工程”和“能源化学”理学博士专业获得国务院学位办备案。

2009 年 3 月，学校聘任李宁为能源研究院院长。

2009 年 6 月，学校同意能源研究院自 2010 年起原则上独立招收能源经济学、能源化学、光伏工程、核科学与工程等四个方向博士生和硕士生，招生指标单列。

2009 年 9 月，能源研究院学位评定分委员会成立。

2009 年 10 月，提交《福建省新能源产业振兴规划建议书》。

2009 年 11 月，承办厦门大学第一届交叉学科论坛—“新能源：挑战与发展”。

2010 年 8 月，能源研究院搬迁至软件园二期望海路 39 号 1～3 楼。

2010 年 9 月，首届 33 名研究生入学。

2010 年 9 月，李宁院长陪同厦门大学朱之文书记、福建省发改委郑栅洁主任和中广核集团张善明总经理会见微软创始人比尔·盖茨。

2011 年 1 月，举办厦门大学 90 周年校庆首场大型学术会议：中国能源环境高峰论坛—海峡西岸峰会。

2011 年 2 月，厦门大学、中广核集团签订战略合作框架协议。

2011 年 5 月，举办第一届国际学生暑期夏令营。

2011 年 6 月，“洁净能源科学与工程创新平台”列入“985”工程三期建设项目。

2012年5月,“核工程与材料”、“光伏工程”、“能源化工”和“能效工程”工学博士专业获得国务院学位办备案。学校同意设立专业硕士“材料工程”领域能源材料方向。

2012年6月,厦门大学、国家核电技术公司签订战略合作框架协议。

2012年11月,能源研究院整体搬迁至翔安校区能源研究院大楼。

2013年4月,“新能源科学与工程”本科专业获教育部备案。

2013年5月,能源学院在能源研究院基础上成立,中共厦门大学能源学院委员会成立。

2013年6月,发起成立福建省新能源科技产业促进会,李宁院长任会长。

2013年9月,首届54名“新能源科学与工程”本科生入学。

2013年12月,能源学院第一届聘任委员会、教授委员会成立。

2013年12月,承办第四届生物炼制与生物能源国际会议。

2014年1月,第一届研究所负责人通过自荐、全院教职工推选产生。

2014年7月,能源学院部门工会成立。

2014年12月,厦门大学、中核集团签订战略合作框架协议。

2015年4月,厦门大学与英国伯明翰大学签署本科生“2+2”联合培养协议。

2015年5月,为进一步落实李克强总理视察厦门大学时的指示,国家能源局总经济师李冶专程调研厦门大学能源科技创新情况,并提交《国家发展改革委关于厦门大学能源科技创新有关情况的报告》,高度认可能源学院和厦门大学在能源科技创新方面开展的工作、取得的成就和提出的建议,推荐将厦门大学纳入国家能源创新体系。

2015年11月,“新能源科学与工程”通过教育部本科教学工作审核评估专家组评估。

2015年12月,“福建省核能工程技术研究中心”获科技厅授牌。

2015年12月,承办第45届亚太经合组织(APEC)新能源与可再生能源技术专家小组会议。

2016年7月,Green Dreamer团队获得2016施耐德电气绿色能源全球创新案例挑战赛中国区冠军;9月,获得全球总决赛第四名。

2016年10月,“竹生物质清洁分解制备新型生物质糖联产微纳米纤维”1万吨/年示范项目成功产业化。

2016年11月,举办能源学院首届青年教师教学技能大赛。

2017年8月,“福建省生物质清洁高值化技术工程研究中心”经福建省发展和改革委员会批准成立。

2017年12月,经过2年建设期,“厦门市生物质清洁高值化利用重点实验室”通过科技局的评估认定。

2018年4月,举办首届“厦门大学南强青年学者论坛—能源分论坛”。

2018年6月,获“厦门大学2018年研究生篮球超级联赛”冠军。

2018年9月,研究生集中工作室启用。

2018年10月,举办首届“生物质前沿厦门论坛”。

2019年3月,蒋剑春院士受聘厦门大学杰出访问教授。

2019年4月,与台湾新竹清华大学签署院际人才培养和科技研发合作协议。

2019年9月,厦门大学发文成立新能源装备研究院,挂靠能源学院。

2019年10月,“秸秆变形记——农林废弃物提取低聚木糖的生力军”获第五届中国“互联网+”大学生创新创业大赛全国总决赛“青年红色筑梦之旅”赛道金奖。

2019年10月,承办“第五届应用能源:低碳城市及城市能源系统国际研讨会”。

2019年11月,国内唯一、世界领先的“多离子束与透射电子显微镜联机设施”通过技术验收。

2019年12月,国家资助重点研发专项公布,能源学院进入承担国家级重点/重大项目的行列,多个课题获得资助。

附录二　院　训

能源学院院训为“发展能源技术　共同改变世界”。“发展能源技术”明确了能源学院的发展定位是发展新能源技术，包含了两层意思：一是指发展新能源领域的相关技术，二是指发展传统能源的新技术。能源学院以能源科技重大需求为导向，系统性地解决重大问题。能源学院的每一位教职员工都处于最具前景的行业中，从事最有影响力的工作，这将孕育出无限的创造力，并产生出强大的驱动力。

一个发展定位：发展新能源技术
两个文化基因：“共同”——强调团队合作，协同发展
“改变世界”——创新，做有影响力的事

附录三 院 徽

厦門大學 能源学院
College of Energy, Xiamen University

能源学院院徽参照厦门大学校徽款式。

以能源(energy)的英文首字母“E”为设计元素,化为一只展翅高飞的鹏鸟,体现能源助力腾飞的内涵;同时又似一只大手托起“能源”之球,体现了开发新能源及能源高效利用的主题;整体还构成一个人,体现整合人才与资源,呈现出人才腾飞和学院腾飞的精神风采。数字2007代表学院的成立时间。以天空、海洋的蓝色寓示清洁新能源。

和木楼的由来

安踏集团董事局主席丁世忠先生为建设能源研究院大楼现金捐资1000万元,学校以其父丁和木命名大楼为“和木楼”,以资纪念。

附录四 历届毕业生名录

一、历年国家奖学金获得者

2012—2013 学年：胡磊、龙传南、刘传勇、徐江坤。

2013—2014 学年：孔庆宝、唐兴、吕东灿、林忞、吴洁洁、陈华伟。

2014—2015 学年：苏鋆珊、杨娉婷、杜克锐、张本斌、唐兴、邓亚平。

2015—2016 学年：蔡源凤、韩昕宏、郑将辉、粟高敏、郭晓怡。

2016—2017 学年：侯晴、夏静娴、郑陈熙、乐凯、周雅清、蒋叶涛。

2017—2018 学年：林鑫、郑陈熙、刘毅、张少坚、何明会、高振广、景锐。

2018—2019 学年：郑陈熙、王朝、张国庆、王婷、林鸿宾、陈健德、贾文龙、冯云超。

二、历年学校三大奖（文庆、亚南、本栋）获得者

2017—2018 学年：周雅清。

2018—2019 学年：郑陈熙、张少坚。

三、历届优秀毕业生

2013 届：胡磊、何元雷、吕虹玮。

2014 届：孔庆宝、林忞、吴生华。

2015 届：胡剑全、张本斌、余小龙。

2016 届：谢秋荣、刘腾蛟、赵旭、郭晓怡。

2017 届：苏鋆珊、蔡源凤、汪琰、陈艺芬、王舒仰、罗勇、郝俊伟、吴红丽、戴建辉。

2018 届：韩昕宏、徐子伊、林锦霞、冷智颖、郑世胜、肖飞龙、李铮、周雅清、乐凯、林建新。

2019 届：林鑫、夏静娴、黄纯颖、陶安阳、王中华、穆勇帅、陈韵如、何明会、高和。

四、历届研究生名单

2013 届：李建功、任先培、胡磊、龙传南、李超、吴鹏、余鹏、曹培根、付玉普、何元雷、刘传勇、吕虹玮、强瑞、徐江坤、陈守顺、成奕瑾、董大伟、郭鹏飞、何姣、蒋凤姣、游震亚、袁亮。

2014 届：赵耿、张盛强、孔庆宝、欧阳晓灵、杨文元、MOHAMED MOUBARAK、陈华伟、陈培锋、林忞、田晓东、王绪向、吴洁洁、吴生华、吴亚召、徐常登、尹东明、臧云浩、张倩、张然、钟楚巍、钟细彬、卫瑾瑾。

2015 届：崔晶晶、姜丽晶、范宝殿、王洪喆、王旭、张飞飞、蔡丽晗、黄子敬、陈芙梁、杜克锐、崔鑫、李文侠、徐仁超、张本镔、朱沈嘉、应莉莉、余小龙、王晓蕾、谢春萍、胡剑全、周涵琦、吴娇红、杨娉婷、王悦、韦露、陈蓉、陈文志、吕东灿、唐兴、黎海龙、谢勇、王珂、沈道祥、陈伟、吴金连。

2016 届：李东江、郝唯唯、王彦钧、唐清、梁墩煌、侯恩通、纪承承、刘腾蛟、孙纯鹏、杨赟、曹斌奇、冯嘉、张宏龙、胡桂萍、郭晓怡、苏航、周芳、谢秋荣、李冰、秦光辉、张涛、李成国、刘浩仑、刘臣伟、赵旭、葛少恒、粟高敏、陈孝绪、吴洁阳、邵元骏、邓亚平、陈晖晖、杨春。

2017 届：黄瑄、李帅、郑将辉、林静、李德彬、丁佳佳、赵红丽、王爱伦、高天一、吴国策、罗勇、李宗沅、郝俊伟、马永正、陈伟、王晓玉、李瑞祥、郑积烽、黄耐忠、陈颖、张诗琪、陈果、杨成武、彭喆喆、常静宇、魏闻、巫展宇、戴建辉、张艺程、王驰、王志刚、明自强、渠亚洲、水璇璇、吴红丽、曾子华、何定增、黄金华、董晓囡。

2018 届：程浩然、黄锦锋、郑徐跃、赵文高、黄勇、张子涵、申大志、倪星河、黄世林、肖飞龙、沈强、尹昊、蒋叶涛、李铮、陈亚珍、林煌丁、熊彩霞、焦绪丽、林劭辰、闫帅、苏建建、徐志刚、乐凯、赵鸿韬、李哲、王锰、吴怡祯、郭斌、林冠华、严鑫、邱雨微、吕冬、边博深、周雅清、刘富川、杨奥、罗斌、李震、黄骁、王信心、杨映麟、陆艳秋、林建新、周俊燚。

2019 届：赵卫民、张良清、莫玉学、杜娟、焦凯琳、景锐、杨星、汪雨露、尹祖伟、李扬、翁洁、杨旸、胡俊晖、宋晓强、高和、宰玉霞、付上朝、金典、吴伟松、刘成运、王月姑、黄超凡、代艳飞、晏鹤凤、龚晨、李炆坪、吴少基、李雪、汤嘉良、穆勇帅、李豪、叶成、黄菲菲、傅骏驰、詹翔燕、陈韵如、陈佳超、李芳镖、蒲云川、杜斌斌、张少坚、李卓成、何明会、张伊扬。

五、历届本科生名单

2017 届：邹楚阳、赖美容、苏鋆珊、汪琰、黄超、秦如冰、王淑仰、朱兴仪、陈艺芬、蔡源凤、郭熠佳、曾剑锐、王书棠、沈宏勋、张振坤、梁腾和、王东浩、李航、张正、和帅帅、王亮、楚育纯、吴崇君、宋可洋、陆雨晴、王鹤翀、聂飞燕、何扬儒、李嘉恒、李欣华、刘星辰、蔡诚、黄文倩、冯楚容、郭东、钟伟、王洋、田仕淼、毛柳浩、钟华、闫江宁、刘舒展、程恺、周浩雯、李潇潇、陈名洋、姚晓宇、祁明月、黄菲梦。

2018 届：黄荣杰、梁拯、李奕鹏、郭世荣、刘勇辰、罗钰、刘洋、卢佳铖、白瑞发、陈铮、蔡万里、林绍铨、吴念远、吴易翰、郑世胜、赵业博、林培强、林汉宏、刘崇宇、陈炫宇、瞿沛东、董元昊、高宇轩、孙源、王木、盛耀德、侯晴、韩昕宏、徐子伊、于明玉、梁永春、刘晓宇、李燕秋、柳敏、来天艺、蓝芳婷、冷智颖、吴铃、林爱玲、陈迪、马静玉、吴陈鑫、王喜娜、王钰、王威、丁薇、林锦霞、陆玺、方凝、吴境烨、杨琳琳。

2019 届：仇德昆、王鸽、陈雨妍、骈琪麟、刘美丹、谢鑫、林鑫、李莉、黄纯颖、尤佳彬、周星、夏静娴、杨初平、李成、吕歆玥、陶安阳、唐佑宁、王中华、练晓铭、许泰琦、孟晓瑄、张昱、聂瑞、郑靖旋、刘汐、程渊、覃珌潭、何世伟、厉晓阳、张国制、熊兴宇、王柏童、游星浪、刘畅、郭姝玥、康红霞、王添雨、丁柏龄、伍德宏、江金明、章宏德、周凌婕、李乐恒、吴天桐、管聆翔、毛愚、佟佳宁、林杭捷、王思博、张美纯。

后　记

1921 年，校主陈嘉庚先生在五老峰下、演武场旧址兴建厦门大学。历经几代人的努力，一所世界知名研究型大学已屹立厦门港入海口。2021 年，学校迎来百年校庆，校庆委员会决定把修校史、修院史作为纪念活动之一。

为做好院史编写的各项工作，能源学院成立院史编写工作小组，学院党委书记孙梓光、主持工作副院长林鹿任组长，全院教职工参与，由能源研究院成立至今一直在学院办公室工作的张正泓负责执笔。

修院史，不只是回顾、记载我们过去做了什么，更重要的是牢记我们为什么出发，我们的使命和目标在哪，将来我们还要做什么。当下全球气候变化危机逼近，世界主要国家都已行动起来，清洁低碳新能源技术研发和产业发展正风起云涌，我们能做的、需要我们做的还有很多很多。勇立潮头，方能竞争一流！

过去十余载，我们取得了一些成绩，打下了一定的基础，但不过是万里长征的第一步。未来的岁月，一定有彩虹，也有风雨，只要我们不忘初心、砥砺前行，就能实现发展能源技术、共同改变世界的目标！期待下次修史，能源学院已跻身世界一流！

按照学校安排，本次院史只记述到 2019 年。感谢院史材料收集、文稿编写过程中老师们的支持和指点，在此不一一赘述。编写过程中，力求史料真实完整，表述准确，但毕竟事情已过去有些年头，难免有误，请读者指出，联系我们（zzhxm@xmu.edu.cn，张正泓）。考证后将归集汇总，作为勘误与本院史文本和原始材料一起，打包存档，供后人查阅。

《厦门大学能源学院院史》编委会

2020 年 9 月